赛道红利

POWERED BY PURPOSE

（Sarah Rozenthuler）

［英］萨拉·罗岑图勒　著

李菲　译

民主与建设出版社

·北京·

© 民主与建设出版社，2021

图书在版编目（CIP）数据

赛道红利 / （英）萨拉·罗岑图勒著；李菲译 . ——
北京：民主与建设出版社，2021.7
书名原文：Powered by Purpose：How to engage
and energise your people around great work
ISBN 978-7-5139-3574-6

Ⅰ . ①赛… Ⅱ . ①萨… ②李… Ⅲ . ①企业领导学
Ⅳ . ① F272.91

中国版本图书馆 CIP 数据核字 (2021) 第 106825 号

赛道红利

SAIDAO HONGLI

著　　者	［英］萨拉·罗岑图勒	
译　　者	李　菲	
责任编辑	刘　芳	
封面设计	水玉银文化	
出版发行	民主与建设出版社有限责任公司	
电　　话	（010）59417747　59419778	
社　　址	北京市海淀区西三环中路 10 号望海楼 E 座 7 层	
邮　　编	100142	
印　　刷	唐山富达印务有限公司	
版　　次	2021 年 7 月第 1 版	
印　　次	2021 年 7 月第 1 次印刷	
开　　本	880 毫米 ×1230 毫米　　1/32	
印　　张	8.5	
字　　数	210 千字	
书　　号	ISBN 978-7-5139-3574-6	
定　　价	59.80 元	

注：如有印、装质量问题，请与出版社联系。

前　言

　　也许你也是那种响应号召，努力去做出前所未有的贡献的领导者之一。也许你也总是烦恼，你所做的不是你想要做的工作，但却又不知道该怎样改变这种糟糕的状况。你是不是想要创建一个合作性很强的团队？你所属的企业机构，是否需要通过实现一种引人注目的目标，来吸引更多的利益相关者，从而让企业机构产生影响力？如果你的答案是肯定的，那么你就该读这本书。

　　我写作本书的灵感，来源于20年为商业领域人士做心理疏导的工作经验，我的工作就是激励企业领导者和企业团队去做出非凡的成就。我不是个学者或理论家，而是从事公司宣传活动的从业者，我有这个机会去接触各种企业机构的领导者，如渣打银行、英国石油公司、世界银行、探索频道、英国政府、小企业组织和非营利性机构组织等。在领导者做有效决策、进行艰难沟通对话，提高绩效和照顾人的福祉这些方面，我亲身验证了哪些方法是有效的，哪些是无效的。

　　有两件重要的事激发了我写作本书。这两件事点燃了我的激情，使我们在这个竞争越来越激烈的世界里，工作更有目的性，团队更值得信任，组织机构更有责任感。还有很多事情也带给了我灵感，不过这两件事我却一直铭记在心。

　　第一件事是在一家即时移动通信公司接受培训时发生的。我受邀去疏导一家公司的高层管理者，他在工程方面的天赋受到老板的高度评价。他的业绩很不错，他的老板很想要留住他。第一次见他是在他们公司位于伦敦的高档办公室，我走进去，他正耷拉着肩膀，低着头坐在桌子旁，听到我进门的声音，他抬起头来直视着我，说："我不想留在这里。"

我立刻就明白了他话里的意思。他整个人都表明了他不想待在办公室里，他不想接受我或其他任何人的疏导，他不想要继续他的工作。他失去了工作的活力和热情，他的工作对他没有了意义，他也不再重视他所属的这家公司了。

无论何时我见到这样的人——他们无精打采、没有活力、眼神呆滞——我都很难过。现在这个时代，这个世界最需要的是我们人类的天赋才干，可有天赋才干的人却是这种表现，这无疑是在浪费自己的潜能，许多有才干的人都没有发挥出自己的作用，这是我们的损失。

6 个月后，结束了疏导课程，我跟这位客户一起在大波特兰街头逛，一边朝地铁站走去，一边聊着我们在家里做的 DIY 项目（我还没开始做）。我跟他说，我父亲是一位土木工程师，但我并没有继承我父亲的手艺才干。

"不过，你负责修缮的是这世间最复杂的一种机器，"他说，"就是人心。这就是你的目标，不是吗，你就是在帮助像我这样的商业管理者，让我们的心灵重新焕发光彩。"

说着，他看着我露出一个微笑，我从他的眼中看到了神采。在我为他进行疏导时，我们一起遨游探索了他的内心世界，他花了好几个月的时间才重新确定了自己工作的意义，但是这样的探索很值得。当我们找到了自己的使命，并遵从这一目标行事时，我们就会散发出活力和热情，让我们觉得我们在这个脆弱的世界上占据着一席之地。

无论网上有多少人在看 TED 视频，想让自己下定决心去追求自己要达到的目标，但是我们许多人都不可能只在某个周末看看视频就能达成。按我的经验来看，这需要我们放慢脚步，认真反思自己的言行，这样才可能把握住机会去追求自己的目标。我们需要他人的支持和建议来调整自己的状态，保持冷静，看清前方的路。

我已经知道，我们可以培养自己的某些能力来探索自己的内心，探索我们活着的使命。我希望，当你开始觉得生活沉闷、死气沉沉、毫无希望的时候，这本书能让你重新焕发活力。

上文说的那些能力也能让领导者支持他们身边的其他人，让他们对工作更加热情，领导者有这种责任，去关心他们所接触的人的福祉。正如伟大的作家约瑟夫·坎贝尔所说的那样，我们追求的与其说是生活的意义，不如说是一种让我们坚持走完人生路的感觉。

第一个故事可能让你认为，本书的主旨是帮你确定你个人的人生目标。尽管我在本书中的确有介绍这方面的内容，但我的本意却远不只如此。我还想要让领导者，培养建立一个目标明确的企业机构所需的能力，也就是说，领导者要有这种能力，让所有人都对工作充满热情，专心于工作，让不同的部门团队合作，达成共同的目标和使命，让整个机构的所有人，都会为了大家的长期福祉而做贡献。本书的目的是，帮助个人、组织机构内的不同部门，以及整个组织机构真正确立明确的目标和使命。

令我印象深刻的第二个故事就与上述的目的主旨相关。这个故事发生于我在为全球真人秀娱乐公司探索（Discovery）的管理团队服务时。30 年来，该公司的目标不仅仅是要娱乐大众，而且还要让世界各地的观众都努力探索这个世界。他们努力打造优质的节目，目的是向大众讲述既有娱乐性，又富有教育和启迪意义的故事。

该公司欧洲、中东和非洲区事务理事杰米·库克，想要为该公司在欧洲、中东和非洲区的 24 位人力资源负责人举行人力资源部门建设会议。此前，我跟这些负责人进行了视频通话，我发现，虽然其中的有些人觉得自己对工作认真负责，但也有些人认为，就当时该公司的情况来看，该公司需要重新明确自己的目标。当他们所属的企业与其他企业机构合并时，人们通常会丧失目标。

在一个休息日，许多人力资源负责人第一次集合起来，那一天，大家都很紧张、很兴奋。然而，当杰米提到要为这一新部门确立新的目标时，会场的气氛立刻就改变了。

那时，我们已经花了一些时间来探讨团队的目标。通过公开、坦诚的对话，这一人力资源部门确立了明确的目标："通过建立有活力的团队组织，来推动未来企业文化的传播。"杰米提出该公司的新目标是"激发人的活力"时，一位人力资源负责人马上说："那我们这个部门就要为公司的新目标而努力了，我们要点燃职员们的激情——我们部门就是要做这样的事！"

这些话点燃了所有人的热情。这就是目标的作用——它赋予了整个团队力量。让员工们认识到自己对企业激励人心的目标有多么重要，这让员工们的眼里焕发出光彩，让他们的微笑更加迷人，让他们说的话更加重要。接下来，他们分享了他们是怎样在不同国家之间建立沟通桥梁，创造欧洲、中东、非洲地区人才库的故事。他们专注于怎样让他们真正联合为一个集体，这样他们就会被视为是整个欧洲、中东、非洲地区的人力资源团队。很明显，他们的愿望已经从做一个工作效率高的个人，转变为创造一支高效的人力资源团队了。

有目标能够让人产生强烈的兴奋感。有目标能够激发人的热情——还会产生辐射性的效应。目标是让团队团结合作的关键因素，是增强组织机构力量的黏合剂，也是让不同的人团结合作的动力。

当我进入有目标的企业（主要目标不是赚取利益）时，最吸引我眼球的是员工们对工作的专一程度和彼此间的融洽关系。企业机构有明确的、能够调动人积极性的目标，就会让人们对他们设定目标的理由好奇。员工们散发出的活力和热情，是他们服务顾客和其他利益相关者的无尽源泉。

我写本书的目的是让你们知道怎样确定自己的目标。我希望你们读过本书后能够知道怎样跟你的团队、组织机构进行关键的、有目的性的沟通交流，以便让你的团队、组织机构获得最大的益处。书中还会介绍一些可行性高、有实用性的建立目标的策略。虽然阅读过程中会遇到一些问题，但更重要的是，拥有服务于人类和这个世界这样大的目标所带来的回报，会让你的努力变得更有成就感。

我相信，本书中介绍的有关改革能力的故事、工具和技巧，会让你激励你的职员们做出非凡的成绩——也会让你找到你工作的动力。如果能知道你读本书之后的收获，那就真是太好了，你可以通过我的网站来联系我。

导　论

在这个快速变化的时代，许多人都呼吁采取新的领导模式。我们大部分人都希望找到自己心仪的工作，并保持对工作的热忱，这样我们才能发挥自己的才能，让我们自己和周围的同事、朋友们把一切都做到最好。通常，我们的企业机构中都缺乏这样的活力因子。

然而，尽管这个时代充满了未知和挑战，但在人类历史上，我们从未像现在这样，有更多的自由去发现、确立以及实现我们的目标。作为个人，作为团队，作为企业机构，我们拥有无尽的可能去为世界做贡献。

因此，找到我们生命中真正要走的道路，就是我们每个人都要经历的一次大冒险。我们用心倾听，承担责任，这样我们的生活就过得很有意义，就会全心投入。我们认为我们活出了真正的自己，这就给了我们动力，让我们有了归属感，这也是人内心的基本需求。我们的活力感染了我们身边的人，鼓舞着他们去找到"适合他们的位置"。我们想要为比我们自己规划得还要大，或是离改变现状还很远的目标而努力。

这些心理倾向都对企业机构有极大的好处。这其中的共同之处就在于企业都要有一种目标——换言之，就是认为企业要为社会服务。对企业而言，这就是使企业存在得持久且有意义的理由，企业员工们会为了实现这一目标，使企业长期盈利。这是一个巨大的转变，改变了人们对企业的认知，让人们发现，企业不只是为了盈利而存在的。西蒙·斯涅克根据他最知名的 TED 视频宣扬的理念而出的 2011 年畅销书《从"为什么"开始》向人们普及了目标的概念，这一视频现在已经有了 4400 万点击量。

为事业树立目标并不是什么新鲜话题了，一直不被人所重视，不过现在重新受到了关注。美国的主流企业都称，所有的企业都必须要有目标，以满足社会的期望，才能实现持久的成功。世界最大的投资公司贝莱德（BlackRock）首席执行官拉里·芬克（Larry Fink），于 2018 年 1 月向全球的企业高管们致以一封公开信，提醒管理者们要关注社会需求，为"社会使命"而服务。2019 年 8 月，由 181 位美国大型企业首席执行官组成的极具影响力的组织——商业圆桌会议（Business Roundtable，简称 BRT），修改了 20 年来该组织的宗旨——"企业的存在主要是为了服务股东"。他们称："虽然我们每家公司都有自己的使命和宗旨，但我们对所有的利益相关者都有基本的承诺。"

根据近期的调研，有社会性目标的公司的市场表现力要比没有目标的高 42%。安永信标研究所在他们的《领导能力系列：目标导向型领导模式》中指出，有为社会服务的目标的企业已经表现出"明显的绩效提高"。他们划分了 3 种类型的企业：

· 没有目标的企业。

· 只明确了企业的目标，但却没有真正追求这一目标。

· 企业的领导者明确了企业的目标，并努力去践行，完成企业的目标和使命。

他们发现了如下的惊人结果：

· 没有目标的企业的市场表现力要比有目标的低 42%。

· 只声明了企业目标的企业的市场表现力一般。

· 有目标并且努力追求的企业的市场表现力要比仅仅有目标的高 42%。

只明确了企业目标是不够的。目标和使命感渗入了企业的文化氛围中，这样的企业市场表现力才更好。管理者必须为自己，为他们的团队和企业明确，企业是"为什么"，正如联合利华（Unilever）、巴塔哥尼亚（Patagonia，美国户外零售连锁店 REI 销量靠前的品牌）和 Salesforce（客户关系管理软件服务公司）一样。

过去的 10 年里，各大学、商业学院和全球咨询公司都有这方面的商业案例。总而言之，有目标能够：

· 增加职员的心理幸福感。

· 改善公司的市场表现。

· 吸引、不流失并鼓舞有才干的人。

· 帮助建立稳定的顾客和职员关系。

· 维持并增强事务的合法性。

想要了解更多关于建立目标并对此进行的调研的信息，请阅读维多利亚·赫斯博士（Dr Victoria Hurth）所写的本书结语。

主要问题

好在我们的各企业机构都在进行使命感的改革。在英国，有一支由高管组成的顾问组向政府提交的一份报告提议，要勇于建立"坚实的基础"，以让所有的企业都有为社会服务的目标。他们指出，英国有 123 000 家有目标的企业，总营业额 1650 亿英镑，拥有 140 万员工。根据他们的调查，英国有 70 000 家有使命感的社会企业（旨在解决社会问题、增进公众福利，而不是追求利益最大化的企业），每年为英国经济贡献 240 亿英镑，雇员近 100 万人。

他们希望，到 2026 年时，英国的所有企业都有想要服务社会、改善环境的目标。他们还大胆地提出，最成功的企业会是那些的确实现了这一目标的企业。这一令人兴奋的大胆主张还需要进一步努力才能实现。

问题在于领导者如何才能有目的地实现目标？《金融时报》称目标和使命是"黑洞"，"它的起效机制不为人所知"，而本书探讨的主题正在于此。目前还没有哪本书系统性地讨论过有目标的领导者所需要的主要能力，包括系统性处理问题的才干和与众不同的思维方式。

近期接受《金融时报》记者安德鲁·希尔的采访时，西蒙·斯涅克回答了他对如今商业管理者能力的看法——这时距他第一次就此进行 TED 视频演讲已过去了 10 年。

"我们真糟糕，"他以一种自嘲的口吻回答，"我为自己的职业生涯感到丢脸。我跟别人说要相互信任，彼此合作，谈到信任与合作——我不应该从事任何工作！"

跟斯涅克一样，我也认为，许多领导者都没有采取长远策略所需的领导能力。关键的问题仍然在于：那他们应该怎样做？更确切地说应该是：

·领导者个人应该怎样做，才能在工作中表现出活力和热忱，以鼓舞其他人一起合作共赢？

·领导者怎样才能创造条件让大家对企业的目标展开交流，而不用担心自己的言论会毁掉彼此间的关系，不用担心自己的言论会被认为是荒谬的、不可行的？

·企业机构该怎样以有意义的"为什么要这样做"鼓舞员工们，以便让整个企业的职员都为了有所作为而努力？

斯涅克并没有介绍在更复杂的环境中该怎么做。领导者属于团队，团队又是组织机构和企业的一部分，企业和组织机构又是联系员工、客户、供应商、投资者和活动家的系统的一部分。

为了回答上述的问题并发挥有追求的事业者的能力，我们需要掌握更广泛的领导能力。

大胆愿景

全球著名咨询公司普华永道（PwC）近期进行的调研显示，50%的企业首席执行官，不明白怎样将为社会服务的目标，转化为实际行动和行为。该调研报告称："只将目标和追求公之于众是不行的——它必须成为一种固有的制度，让人们都按照它来行事，必须将其融入企业机构的文化氛围之中，才能真正生效。"我们也必须将它与企业的现状联系起来。

在我们这个人们相互联系紧密，但分布广散的全球化社会中，存在着许多棘手的社会、政治和环境问题。我们很多人都担心，如果没有足够多的人及时采取行动，就会发生灾难性的气候变化。许多人都担心零工经济（一种新型的雇佣关系，平台代替企业，成为用工的主要连接体，就是用时短、灵活的工作方式，取代传统的工作形式，包括咨询顾问、承接协定、兼员工作、临时工作、自由职业、个体经营、副业，以及通过自由职业平台找到的短工等）时代工作前景的问题。由于"大男子主义"的领导风格在国际舞台上占据主导地位，民粹主义（又称平民主义，是19世纪时俄国兴起的一种风潮，指平民论者所拥护的政治和经济理念，该理念拥护平民掌控政治，反对精英贵族掌控政治）在政治上的崛起让未来看起来更没有保障。如在英国发起国际气候活动"反抗灭绝"（Extinction Rebellion）的活动者们，通过发起并不理智的活动来给政府和企业施压，要求它们发挥更积极的作用，让环境变得更安全，让世界更注重可持续发展。

如果一个领导者想要变得有影响力，那就不能忽略担任领导者期间需要面对的压力。领导者需要接受指导，需要学会如何在不稳定的时候，如何在牵涉到多方利益、多种观点纠缠冲突，但可分配的资源却有限的时候做决策。

目标性思维与"一切照旧"的思维有着本质上的区别（有关从传统的老式思维转变为有目标的思维方式的内容，详情请见结语）。在商场上，我们更倾向于使用左脑，因为它具有线性思维和逻辑分析的能力，处理经济方面的问题，它比右脑更有优势。

然而，更复杂的问题是，要实现从长远的角度，将不同的人或自然世界的利益最大化。右脑让我们从更长远的、更全面的角度看问题，让我们处理各种不确定的问题。左脑则有文化方面的优势，在不稳定的时候和大数据时代一直追求稳定，除非将我们大脑两个半球及它们各自的分析和认知能力结合起来，否则将不利于我们实现目标和追求。

现代的精神病学家已经提醒过我们，忽略我们大脑右半球的作用是有风险的。精神病学家伊恩·麦吉尔克里斯特特别指出，"功能失调的大脑左半球不受控制的活动"怎样使我们这个世界日益机械化。在这个世界上，许多人都认为自己是孤单无依的，生活是空洞无意义的。在企业机构中，领导者目光短浅，削减成本，追求利润最大化的观点来自左脑控制的思维，这种思维模式通过短期的想法和季度报告来推动实现确定可行的目标。

要让人类生存，那么重要的是，能够影响许多人的领导者在做决策的时候要把握全局，要公正。《制造者和消费者》一书的作者拉娜·福鲁哈举例指出，波音公司为了获得最大化的利润，而承担风险的做法存在问题。连续两架波音 737Max 客机出事之后，空客（Airbus）公司可能会取代波音公司，成为世界最大的飞机制造商。虽然造成空难的不只是由于客机本身的问题，还有很多其他关联因素，但其中最关键的还是将制造工作外包给时薪仅为 9 美元的工程师对某些安全功能收取额外的费用，以及波音为击败空客而匆忙将刚制作好的飞机推向市场等做法。

领导能力不仅仅指能够想出有实际效用的解决问题的方案，理性地解决问题，推动目标实现（左脑掌控这些功能），也需要我们用我们的直觉、想象力和具身智能（右脑掌控这些功能）。要实现所有企业机构都以目标和追求为驱动力的大胆愿景，领导者必须勇敢、敏锐、负责任，有先驱精神，维护大众利益，做变革的推动者。

有目标感的领导者的 4 种主要能力

本书概述了领导者在追求和实现目标的过程中需要培养的 4 种主要能力。这些能力，都是从最近的研究，从业者的专业知识和近 20 年来对企业领导者的密切观察中总结出来的。为了让人们将这些理论运用到实际中去，我向读者们介绍了如何通过实践练习，来培养这些能力的实用性指南，这些实践练习将让你在企业机构中树立目标和追求。上述的这 4 种能力如下所示：

（1）培养领导风范。为了勇往直前，领导者需要加深自我认知。根据当前的现状，对未来做出合理的规划，领导者就是在鼓舞人们跟随自己。领导者专注于加深自我认知，就能够处理，如冲动性思想行为这样的影响领导能力培养的内心障碍，并且能够使他们与他人的沟通交流更加轻松自在。他们根据自己的意愿为他人服务，这反过来能够促进他们自己的幸福。

（2）真诚沟通与对话。在实现抱负和追求利润这双重目标的道路上，为了掌控不可避免地出现的紧张关系，领导者需要有沟通能力。他们认真倾听，提出关键性的问题，提出需要让人们知道的硬道理，而不是在逃避问题所获得的短期安逸中憔悴伤神。他们敢于迎难而上，接受挑战，解决诸如资源竞争、关于如何达成战略目标的观点分歧和利润分配决策等问题。他们能辨别出，为了给世界带来新的正确的东西，他们的组织机构需要什么。

（3）吸引利益相关者。为了明确地表达出令人信服的机构目标，使企业机构的成员热衷于其中，领导者需要关注自己所属的大局。他们需要联系很多很多利益相关者——内在和外在都需要——而不只是企业机构的管理者。弄明白了他们所处的环境中的利益相关者，他们就能够知道，谁是关键性的"圈内人"，谁有被排除出去的风险。当领导者协调利益相关者及他们彼此的关系时，领导者能够发挥出企业机构的更深层潜力，并对社会和世界产生积极的影响作用，让它们变得更好。

（4）为了整体目标而共同努力。为了鼓励所有人一起努力，有追求的领导者会在企业机构中创造合作共赢的文化氛围。他们辨别改变的"穴位"在哪里，并关注任何阻碍日常互动沟通的无形因素。通过培养系统性看问题的能力，他们遇到问题就会进行全盘考虑，并让所有人都保持积极正面的心态和行为方式。领导者支持每一个团队成员，让他们对自己的团队有归属感，让他们看到，个人的目标和追求与机构团队的目标和追求之间的联系。

一起学习这些能力，领导者们就能够全身心投入工作，激发出整个团队的潜能，创造全面性的成果，包括争取可持续性的竞争优势，促进彻底的社会变革等。团队成员们会主动采取恰当的行为去面对未来，做出非凡的成绩，真正为企业机构的福利做贡献。

帮助实现目标的 3 座桥梁

对于想要培养这 4 种能力的领导者来说，从机构、团队和个人层面建立目标和追求是有帮助的。有目标和追求的领导者，如马克·贝尼奥夫（Salesforce 的首席执行官）、保罗·波尔曼（联合利华的前首席执行官）、罗丝·马卡里奥（Patagonia 的首席执行官）和理查德·沃克（冰岛食品集团总裁），他们都明白什么能够激发自己的能力，也有这个能力去管理好自己的企业，让员工们合作追求引人注目的目标。即便是面对他人的质疑或批评，他们也知道并履行自己的职责。

如果目标和追求足够引人注目，那就会产生影响力。整个企业机构都散发出积极的能量去追求目标，那就会吸引很多利益相关者加入：有才干的新人、回头客和投资者。如果团队有足够的活力，就会吸引其他人加入。如果领导者个人积极能干，那他就会带动身边的其他人一起努力。

为了让你们明白怎样创造这种影响力，我必须跟你们说说桥梁。从孩提时代起，桥梁就是最令我印象深刻的事物之一。我在威尔士中部边缘的一个小镇什鲁斯伯里长大，小镇三面被塞文河包围，只有北面是陆地，河上的桥梁就是进入小镇的通道。

2007 年，我创办了一家旨在增强企业机构领导者领导能力的咨询公司——沟通之桥咨询公司（Bridgework）。这些年来，我将桥当作了改变的标志。桥梁能让人进入他们本不可能靠近的新地方，桥梁是改变的渠道，是达成目标的手段，是连接过去、现在和未来的渠道。

桥梁也能开启新的可能性。我的母校旁边有一座私人所有的收费桥。这座桥于1882年修建通行，什鲁斯伯里学校（达尔文曾经在这里就读过）就是通过该桥从镇中心搬到了金斯兰的，现在位于富裕的维多利亚区的城郊地带。

在本书中，我用"桥"这个词来指代让我们工作达到新境界所需要跨越的门槛。我们许多人都有这种简单的愿望，想找到能让我们生活更充实的办法，但我们都不知道该怎么做。虽然我们都"以我们的生活为根基"［借用诗人大卫·怀特（David Whyte）的话］，但我们都会去幻想未来，经常会思考怎样在过去和未来的鸿沟之间架起桥梁。

钢铁或石头制造的桥能让我们从一个地方到达另一个地方，而有目标和追求能让我们从一种境界提升至另一种境界。按我的经验来看，培养目标和使命感有3座"桥"要跨，而且每一座的弧度都不一样：

过第1座"桥"是让企业机构变得有目标和使命，这需要企业机构不以利益为主要追求的目标，而是要关注怎样以有益的方式服务于利益相关者，成为有利于世界的主力军。

过第2座"桥"是要让团队冒险，让团队的所有成员，都因为仅凭他们个人努力无法达成的大目标而齐心协力，合作共赢。

过第3座"桥"是让你的日常工作，与你热衷的目标和追求联系起来。这样你就不会觉得无法投入工作，不会被你的工作所拖累，而是会热忱于你的工作，你会觉得这就是你的职责所在。

跨越这些"桥"，人们就不会对这个世界沮丧，不会因自己的团队而失意，不会觉得自己的工作无法继续下去。这些"桥"将把我们带到只有我们跨越过这些桥梁，才能抵达的美好未来。这就是说，尽管我们会因紧张难安而心怦怦乱跳，但我们也会摆脱现在的状态，迎接新的未来。以本书的内容为指导，我相信你们不仅会大胆地进入新的境界，你们也会享受这个过程。

而且不只如此，跨越这3座"桥"的有益效果不是相互叠加的，而是会呈指数级增长。每次创建并穿过这些"桥"，其产生的效应影响力也会越来越强：

（1）让人们更有抱负。企业将主要目标从追求利益换为为世界谋福利，那就会吸引人们去关注"为什么要这样做"，会让人们对其产生共鸣。这加强了企业实现品牌承诺、服务利益相关者和巩固市场表现力的能力。

（2）让人们更团结。当团队成员为了共同的目标和追求而团结努力时，他们就会庆幸彼此的多样化，而不会因为彼此的不同而感到威胁。他们会充分发挥协同合作的作用，因为这提高了成员个人和团队做有价值的事情的能力。

（3）让人们更有活力和热情。个人在做只属于自己的事情时，不必担心让别人失望，也不需要有不惜一切代价去获胜的心态。他们转而会去关注自己的本性要求他们去做的事，同时会觉得自己的工作越来越有意思。

这3座"桥"对企业、团队和个人产生的综合性影响是巨大的、有感染力的。真正的桥梁能让我们去新的地方，而目的和使命会让我们找到新的能源：会让我们对我们的企业机构更热心，让我们更有团队精神，让我们更高效。我们很少觉得疲累，心情会更放松。有使命感带来的附加效应是任何其他干预措施都达不到的。

本书内容综述

简介之后的正文分为 3 个部分，一共 10 章，内容简介如下：

第一部分——理论基础。这一部分介绍了本书内容的理论基础和研究得出的结论，由此总结出 4 种领导能力。我们会认识到，在事业上有目标和追求能塑造企业机构的未来。

第二部分——4 种领导能力。这一部分介绍了人们为了要做独属于他们自己的工作，让其他人跟他们自己一样有目标、追求、使命感所需要培养的 4 种领导能力，还推荐了一些切实可行的办法，来促成人们实现目标。

第三部分——3 座"桥"。这一部分介绍了领导者要培养目标感需要跨越的 3 座"桥"：创造能够鼓舞人心的集体目标，使团队围绕明确的目标团结合作，并将日常工作与这一目标联系起来。这部分内容告诉我们，开拓型的领导者是怎样运用本书介绍的 4 种能力，在企业机构、团队和个人层面上实现目标的。

维多利亚·赫斯博士所做的结语，通过介绍这种新概念的历史背景，关于这种新概念的学术观点和最新观念，概述了有目标和追求的领导者具备的能力。

本书适合谁来读

本书适合那些认识到了目标和追求对企业成功的作用的人来读，这些人包括：

想要让企业更有追求，更有使命感的公司首席执行官、董事会成员和高管。

想要成为有技巧的追随者，支持领导者进行改革，以让所属的企业更关注持久性的幸福的人。

想要借由与私营机构成功合作，而扩大影响力的社会企业、非营利性的机构组织和非政府组织机构的管理者。

希望保持领先地位，并了解目标和使命对领导者能力培养的意义的人力资源总监，学习与发展培育专业人员和领导能力培养方面的咨询师。

参加领导能力培养课程，想要了解关于领导能力培养的新知识的商学院和大学商学系的教师、学者和学习者。

希望通过培养更细致的领导能力，以与传统的男性化的方式不同的方式，进行女权运动的女性领导者和参与者。

想要有所作为，想要让自己的工作有影响力，且想要培养自己的领导才能的千禧一代。

本书挑战了传统的商业思维，希望能促进人们进行深入改变。我们都想要在这个世界有所作为，就要将人、绩效和利益与追求联系在一起，而本书就是通过上述的方式，填补了介绍领导者能力方面书籍的空白。

目录

PART 1

赛道设计：与未来同步

第 1 章

为什么赛道是关键所在

> 领导者就是要明确公司的目标,并拿出勇气追求它……
> 寿命长的企业有着高贵的目标。
>
> ——乔·贾沃斯基

我们生活在一个非凡的却又让人身感紧张的时代。人类解决如经济不平等、社会两极分化和环境问题等严重的全球性问题的迫切性,从未像现在这样强烈过。全面性失败的风险——无论是网络袭击,不同国家之间的对立僵持,或者是气候变化造成的灾难性影响——也从未像现在这么高过。我们正处在改变命运的时代的开端。

想要让我们的集体和个人生活沿着共同繁荣和更加幸福的道路前进,而不是加剧不平等,我们需要做些什么?我们怎样才能真正过渡到一个真正全球化的社会,让每个人都有归属感,都找到"适合"他们的位置?个人、国家和企业机构怎样才能对自己在世界上扮演的角色有更深刻的认知?

为了应对我们这个全球化的社会在 21 世纪所面临的挑战,我们需要重新认识我们自己,需要重新明确我们能够做什么。如果我们因领导者的处境有多么艰难,我们的问题有多么棘手,我们的地球村是多么矛盾重重而迷茫,那么一切都不会好转。为了找到希望,我们不得不深入了解和认识这个世界，我们必须这样做。我们需要有全新的观念态度，需要关注正在崛起的、鼓舞人心的领导新方式。

虽然遇到的问题和挑战不少，但我们可以把握的机会也很多。将解决社会和环境问题作为企业主要追求的"开拓性"商业运动正在积聚力量，轰轰烈烈地进行着。有目标和使命，有盈利能力和社会意识的高绩效企业正在催生新的工作方式。顶尖的团队正在调整团队目标，以求利用成员们的力量来做出非凡成绩。开创性的领导人信念坚定，他们要创造有活力的经济环境，创造真正的人文社会和对我们所有人有益的可持续发展的地球。

本章介绍了如下的内容：

· 新发展动力

· 赛道就是目标感

· 发展蓝图

· 规划未来的陷阱

新发展动力

鉴于我们所面临的巨大挑战，本章探索了我们追求一种从本质上不同的领导方式的必要性。从广义上讲，这种改变可以被定义为从"命令和控制的领导"到"有使命感的领导"的转变，这种转变已经发生于企业和非营利性的机构。我们正在见证旧的领导模式的瓦解，以及更注重使命和追求的新领导模式的诞生。

虽然领导才能是一个热门的大话题，不过关于领导才能的研究主要注重的还是领导能力理论。理论性的问题通常都是：为什么而领导？答案在于，让领导者树立目标，去集中精力解决除了盈利之外的其他重要问题。只有具备朝着目标前进的动力，领导能力才是可持续性的。

正如英国脱欧所证实的那样，没有领导者不知道自己想要什么。有目标就意味着你明确、清楚地认识到了你想要的东西是什么，并且你有坚定的决心去实现它。

有目标和追求是如今企业机构成长发展的新型动力。在我们这个快速改变的世界里，企业机构及其领导者们有很多的机会去追求鼓舞人心的目标，从而在社会中扮演积极正面的角色。目标和追求有这种独特的力量，帮助企业成为世界上的"为善的中坚力量"，而不是让企业只追求经济利益，或只为了发展而发展。

目标和追求给了我们动力，让我们将愿景转化为行动。目标带给企业的感觉，往往是愿景本身无法带来的，我们需要动力、能量和积极性，按照愿景做出行为。正如诗人大卫·怀特所说的那样："治愈疲惫的解药就是全心投入。"将我们的心思、头脑和热情集合起来，我们就有动力和能量去创造非凡成绩。

赛道就是目标感

我的乐观态度来自我看到的领导才能的变化。虽然我们的确生活在变化莫测的年代，但这个时代的领导者们也开始了一场与众不同的探讨，讨论在这个快速变化的、数字化联系的世界中，领导意味着什么。作为商业领域的心理咨询师，我看到了一群迥然不同、各自的目标和追求都不相同的人，是怎样凝聚到一起，成为一个真正的团队，为比他们自身更重要的事情而共同努力的。

长久以来，在组织团体、经济和政治生活中，人们普遍认为人类自私自利、只关注自我，是互不关心的。这种说法不仅片面，而且也不准确。最新的心理学、神经科学和进化生物学理念证实，作为人类，当我们身处的环境对我们有要求时，我们的真正本性是有同情心的、无私的，我们能够很快认识到他人的需要。我们的"亲社会"倾向使我们能够在非洲大草原上生存下来，并通过成为超级合作者，以更快更高的速度智胜掠食者。

在企业中，近几十年来，我们对自己的认识往往与现实相去甚远。个人主义倾向严重，极端化的竞争和资源稀缺，让我们无法发挥自己的能力，无法合作创建繁荣的、对人和地球友善的全球化社会。由消费者需求推动的经济持续性增长，如今已经与环境危机一起，迫使我们重新审视和更新我们的认知和观念。

好在上述建立在不稳固基础上的说法正在失势，我们开始有了新的指南。世界各地的领导者们都在探索怎样积极为善，不只是为与他们有直接利益往来的人服务，而是为全社会服务。这一"有抱负和追求的领导能力"运动是令人兴奋的，因为这反映了我们生活在一个相互关联的世界中，且这个世界与我们作为人的内在潜能是相符合的。通往我们渴望的更美好未来的桥梁正在修建中。

聆听召唤

在进行更多介绍之前，我先要来说说，什么激发了我对有目标和追求的领导能力的热情。

21 岁时，我以优异的成绩毕业于诺丁汉大学的心理学专业。我父母曾一直希望我跳一级，以便快速获得事业上的成功，因此在他们的鼓励下，我完成了 4 年的学位课程。很幸运的是，那之后我在一家顶尖的咨询公司实习了 1 年，在那里，我喜欢直接为客户服务，通过运用商业心理学的知识来提高业绩。

完成了学位课程后，我并没有接受那家咨询公司的正式职位，因为我更喜欢冒险。我高兴地跟我的男朋友乘坐一辆老式的露营车，计划去教 1 年英语。穿越了阿尔卑斯山，在法国昂蒂布的游艇上工作了一段时间之后，我们攒够了钱继续南行，到了西班牙。曾在瓦伦西亚定居的大学时结交的朋友们都说，这里阳光充足，充满了节日的气氛，生活很欢乐。然而，我们跟朋友们去郊外的小酒馆聚会时，我们的露营车上进了贼，这样，我们快乐的聚会也就结束了。我们失去了我们的所有——我们积攒的为数不多的钱，我们的衣服，还有我们拍摄的很漂亮的照片。

因为我们没有固定的地址，除了一些旧 T 恤和破旧的牛仔短裤之外再没别的衣服，所以到了一所语言学校之后我们也没有得到面试的机会。这时，我们既没有找到工作，口袋里也没有钱（这发生于 20 多年前，欧元还没有诞生，因此这里的钱指的是当时西班牙的通行钱币比塞瓦）。去广场上闲逛，我们很快就遇到了其他"旅客"，或者按某些旅客的自称为"撒切尔难民"，他们很擅长街头谋生。为了避免向父母借钱，夹着尾巴回英国，我准备学着去沿街卖艺。

花 1 年时间教英语的规划变成了沿街谋生 4 年。我学会了怎样抛接 3 个球，3 根塑料棒，3 根消防棒，还有 3 把刀。后来，我认识了一位经验丰富的街头魔术师，他是美国人，他教我怎样吸引人群，怎样娱乐他们，怎样让他们给我钱。

转折点

经过 4 年的辛苦和努力，我终于完成了第一季个人秀演出。到了秋天，白昼时间变短，我也开始有点崩溃了。虽然我已经"成为"杂耍者，也攒了足够熬过一冬的钱，但我真的提不起劲继续这样的生活。我沮丧了好几周，最后终于买机票回到了英国，去看望父母。这时，我妈和我进行了一场谈心，这最终改变了我的生活，成了我失意生活的转折点。

"你不开心是因为你过得不充实，你过得不充实是因为你没有利用你所有的才干天赋。"我妈说。

我对自己一点自信也没有，我也不知道我自己有什么才干天赋。但我认为我可能没有完全利用好我的才干天赋。我知道，虽然我享受让大人们微笑，让孩子们大笑的过程，但我感觉我的生活应该不只如此，我应该还有更多事要做，我应该还有更重要的使命。

经过一番深思熟虑，我结束了漂泊不定的生活，回到了父母家。回家之前，我突然觉得，本来足够我在西班牙过冬的钱看起来也不是很多。我那时才 25 岁，从未觉得生活如此艰难过。街头卖艺风餐露宿，不过内心遭受的痛苦比忍饥挨饿地卖艺更难熬。我脑海里总是冒出这样的念头：

"我与其他人的生活格格不入。"

"我毁掉了所有的退路。"

而且我也一次又一次地问自己：

"这是我想过的生活吗？"

我的这种煎熬对我来说很有教育意义。我一直偏离了我的人生轨道，我内心里是认识到这一点的。我也渐渐地接受了我妈之前所说的观点。我并没有利用好我轻易就获得的潜能，我甚至认识不到我有这样的能力，比如与不同的人沟通交流的能力，汇总分析不同信息并提出关键性问题的能力。没有这些能力，我的生活也会黯然失色。

我花了 1 年的时间完善我的简历，也去应聘过几次，并找到了一份工作。我后来获得了一个职位，就在现在位于谢菲尔德的公司总部的养老金部。我去了很多供职中心——威根、巴恩斯利、卡迪夫等——进行测试，测试工作人员是否接受新开发的招聘考核方式，以确保他们不会对女性或少数族裔人群产生不利影响。这并不是我期盼的工作，但我很感恩于有这种突破性的机会。这让我重新有了动力——让我想要去帮助个人和企业生存——我内心重新焕发出了光彩和活力。

自那时以来，我一次又一次地见证了保持激情如何给人们带来能量。他们的眼睛炯炯有神，他们很引人注目，他们总是为他人着想。别人相信他们所做的事，他们不仅有了目标和追求，他们也会努力去使目标和追求成真。

这里有一个知名的故事，证实了有目标和追求产生的非凡效果。1962年，肯尼迪总统访问NASA太空中心时，发现了一位握着扫帚的清洁工。他突然转向了这位清洁工，跟他打招呼："你好，我是约翰·肯尼迪，你在这里做什么呢？"

"啊，总统先生，"清洁工回应道，"我在帮忙让人登陆月球。"

对绝大多数人而言，清洁工只是在打扫卫生。不过从更大的层面上来看，清洁工也认识到了，他所做的工作是服务于被大众广泛认为对人类而言至关重要的太空漫步的。无论我们的职责是大还是小，活着有追求，有目标，我们就能以更有意义的方式，为我们所处的世界大局做贡献。

让我们对工作满意的，除了心理学上所说的积极性、认可度、灵活性以及其他关键因素之外，还有这份工作能帮助我们实现真正的目标。它让我们全身心投入自己的生活以及我们所生活的世界之中。

创造不同的道路

然而，只实现我们的个人目标是不够的。为了给我们所有人创造一个真正可持续发展的世界，我们需要做出全面的改变。解决全球化的问题不仅需个人拿出勇气去行动，也还需要很多不同的人一起努力。我们越来越认识到，为了解决这个时代最为紧迫的问题——世界饥荒、环境恶化和社会不平等——政府、企业和非营利性机构需要合作。我们不仅要找到让自己充实幸福的途径，还要找到能够让我们所有人继续幸福生活下去的途径。

2017 年 1 月达沃斯论坛上做出的《更好的商业，更好的世界》报告指出："是时候改变游戏规则了。"这份报告呼吁各行各业的领导人采取行动，建设公正、可持续的、包容性的经济模式，这也是商界内部发出的诸多类似的行动呼吁之一。这份报告是商业和可持续发展委员会（Business and Sustainable Development Commission）的工作成果，该委员会由 35 位领导人组成，其中包括英杰华（Aviva plc）、培生（Pearson plc）、天达资产管理公司（Investec Asset Management）、爱立信（Ericsson）、世界妇女银行（Women's World Banking）和玛氏（Mars）等全球化企业的首席执行官。

这份报告是在 2016 年的社会动荡事件之后出炉的。英国脱欧公投和美国大选的结果让很多人深感不安。这些社会政治事件揭示出大部分人对所谓的"全球化后遗症"有多么愤怒、失望，多么没有社会归属感。

报告指出，近 30 年来，虽然科技发展迅速，人们的健康水平和贫困状况有了显著的改善，但我们也见证了气候的改变，武装冲突升级和年轻人失业率高等问题的出现，而现有的商业模式存在着"严重缺陷"。这份报告声称：

我们迫切地需要解决这些问题。我们认为，未来 15 年至关重要，变革从现在开始，且在这期间会不断加速。一切照旧是不可取的：选择在未来 4 年"拖延下去"，将给步履蹒跚的全球经济带来无法承受的环境和社会压力。（但如果有足够多的领导者共同行动起来，我们就能开辟一条不一样的道路，）这能减轻资源有限的负担，并让那些目前被甩在后面，或被排除在市场之外的人也加入进来，有助于化解对当前的政治不满。

幸运的是，企业、政府和社会都已经开始合作了。2015年联合国峰会上提出的17项可持续发展目标（SDGs）是我们的一线希望，这也被称为是"全球化目标"，这些雄心勃勃的目标反映了我们全球化社会的三大最紧迫的需求：终止极度贫困，设法解决社会不平等，处理气候变化的问题。还有与上述目标相关的169个附属目标，为实现根本变革提供了强有力的框架。它们取代了已于2015年末到期的新千年发展目标，成了所有国家和所有人的新目标。

以商为桥

《更好的商业，更好的世界》报告大胆地指出，我们在实现目标的道路上走了多远。报告承认，采用更可持续增长的商业模式理由已经很充分——全球各地有目标的企业正在为股东们带来诱人的回报。它为企业描绘了如果实现上述17项可持续发展目标可能带来的经济回馈。将全球化目标纳入核心增长战略、价值观运营和政策立场中，将在企业收入和节约方面创造价值12万亿美元的市场机会，还将有助于在2030年时在供应链和分销网络上创造3.8亿个新的就业岗位，并使这些岗位收入达到最低生活工资水准，缓解贫困问题。

因此，一种新的以服务社会为中心的商业模式就是要让企业认识到，未来成功的企业是优秀的全球化公民，能够帮助解决全球化社会中的问题。例如，壳牌公司已经开发出"重力灯"，来取代非洲的煤油灯，利用该公司工程、技术和品牌的力量，数百万人的生活将发生积极的改变。如果他们的意图从单纯的利润转变为为他人创造利益，那么企业将获得独特的机会来扩展创意，将奇思妙想从实验室带到能够真正产生影响作用的地方。

高层领导咨询小组应公民社会部部长罗伯·威尔逊的要求，编写的报告《英国经济考察报告（2016）》呼吁，企业与更广泛的利益相关者之间的互动不断增加，为企业员工和整个社会带来新的"运动"。该报告还指出，有越来越充分的证据表明，企业有目标和追求能够增强企业的市场表现，并举出了如下数据为证：

联合利华的研究发现，54% 的消费者想要买可循环使用的产品。近期，联合利华还称，他们旗下的可持续产品品牌，如卫宝（Lifebuoy）、本杰瑞（Ben&Jerry's）和多芬（Dove），比其他产品的业务增长快 50%，并使联合利华的业务总量提高了 60% 以上。

根据《全球企业可持续发展报告》，三分之二的消费者愿意购买更多有目标性的企业产出的品牌产品。自 2010 年以来，全球范围内，以有"目标"为购买影响因素的购买活动增长了 26%。

下一章里，我们将阐述企业有目标和追求对企业有益的理由。如果只认为这种运动很不错，或者只是出于道德观念而推动其发展，那这种运动将无法持续下去。正如我们在壳牌的案例中所见的那样，当商业成了企业家与社会沟通的真正桥梁时，这才是最令人兴奋的。

如高端超市全食超市（Whole Food Markets）、名牌企业联合利华、诚实茶（Honest Tea）和网络购物平台 Etsy 这样成功的企业越来越成功，业绩好和名声好之间的联系也越来越紧密。这些公司都成功扬名，且成功赚得了利益。无论是通过对环境产生更可持续的影响作用，改善人的健康状况，还是销售手工制品，这些公司都在抓住新的市场机遇。他们拥护对利益相关者有意义的目标，因为这才是真正在创造价值的意义所在，这个意义指的是创造更多货币，而不是钱。

在他的书《目标经济》中，社会企业家艾伦·赫斯特认为，使企业变得有目标是一场进化性的革命。从持续了 8000 年的农业经济开始，赫斯特分析了新的工作方法和组织方式是怎样推动了 150 年前由农转工的主流产业的发展的。过去的 50 年里，信息经济可以被看作是工业经济中出现的新经济模式，因为对数据存储和软件开发等新能力的需求形成了新的市场。如可再生能源、资源共享和改善民生这样的商机正成为创造企业价值的新途径。

有目标和追求的企业机构正在改变市场，并为重新定义商业奠定了基础。赫斯特用"目标经济"一词来阐述当目标成为新的商业需求时，社会是怎样经历另一种根本性的重组的。他认为，如今管理企业机构不以目标为中心，就像 20 世纪 90 年代初管理企业机构却不管技术培养和使用一样——换言之，这样的目光短浅是致命的。正如赫斯特所说的那样，这种新兴的经济，"是第一种为人类而建立的经济模式"。正如现代脑科学的发展所证明的那样，它利用了我们的内心欲望，就是让我们自己去追求有意义的事物。因此，正如我们所知的那样，有目标的经商需要更以人为中心的领导模式。

以目标作为新经济的驱动力，改善数十亿人的生活，创建人们想要支持的真正成功的公司，这机会是巨大的。一种充满活力的社会和经济体系正在形成，价值创造将为企业和社会带来长期的福祉。搞清楚需要什么样的领导模式来实现并维持这种新的"目标经济"，是我们这个时代给领导者的关键挑战。

被遗忘的财富——目标

使企业机构有目标和追求的变革可以看作是定义我们这个时代的重要方式，但从某种意义上而言，这也不是什么新鲜事。科林·梅耶教授追溯了古罗马商业组织的起源，它们如何通过进行公共事务，建设公共基础设施，并创造经济收益，将商业组织与社会性的目标结合起来。

通信机构 Salt 的联合创始人安迪·拉斯特还指出，像约翰·吉百利（英国巧克力品牌吉百利的创始者）、约瑟夫·朗特里和杰西·布特这些 19 世纪具有公德心的产业家，他们创建企业的前提是他们的企业不仅要盈利，还要服务社会。桂格燕麦公司传统的领导人清楚地认识到，如果他们的生意与社会的发展保持一致，那么他们的业务增长将更加显著。拉斯特追溯了卫宝品牌的发展——该品牌是联合利华旗下最成功也盈利最多的品牌之一——其发展史可以追溯至联合利华创始者威廉·赫斯凯斯·利弗（William Hesketh Lever）的设想。由于担心霍乱和其他传染病在利物浦的贫民窟蔓延，利弗发明了一种肥皂，供面临死亡威胁的公众使用——如今在印度，仍然有人因此而购买这种肥皂。

还是回到 21 世纪，我们看到许多企业重新重视起了令人陶醉的 20 世纪 80 年代和 90 年代丢失的"社会目的"。撒切尔说过，"这世间没有社会这样的东西"，这短短的一句就概括了主流观念。哈里·恩菲尔德扮演的那个臭名昭著的滑稽形象"守财奴"，就是那个时代的典型人物之一。

达能（Danone）集团首席执行官范易谋（Emmanuel Faber）、巴塔哥尼亚集团首席执行官罗丝·马卡里奥，英国跨国商业零售集团玛莎百货（Marks & Spencer）的首席执行官亚当·埃尔曼（Adam Elman），都认为商业发展和社会进步紧密相关。从史学角度而言，让企业有社会目标，替代了罗马和维多利亚时代，企业家建立持久型企业采用的开明方法。

因此，围绕着强大的目标合作共赢这种方式就被人遗忘了。领导

者们越来越认识到，有必要重申鼓舞人心的组织目标。19 世纪末 20
世纪初，有远见卓识的领袖们提出的"开明的利己主义"，并用这种
领导理论建立了像布尔维尔和莱齐沃斯这样让民众有自豪感且精巧的
城镇，与 20 世纪 60 年代的格伦费尔和"沉陷的庄园"相比，有目标
和追求的领导方式带来的差异就显而易见了。

重要的对话

虽然让企业机构有目标不是什么新鲜事，不过企业机构所处的环
境与过去有明显的不同。处在这种变幻莫测的环境中，全球企业机构
都针对目标展开了重要的沟通。

根据安永信标研究所和牛津大学赛德商学院的研究，过去 5 年来，
企业首席执行官、顾问和"有意识的"企业变革推动者之间关于使企
业有目标的对话交流频率成倍增长。四大会计师事务所中的 3 家——
安永会计师事务所、普华永道会计师事务所和德勤会计师事务所，最
近都对此进行了研究，这也证明了追求目标成了企业的新潮流。

独特的环境状况正在施加压力，要求改变领导者、企业和资本主
义的现状。这些变革推动力中，最主要的是需要重建对企业机构的信
任。根据 2019 年度爱德曼信任指标，只有 20% 的企业员工认为自己
所属的企业正在为自己服务，而近一半的员工认为自己所属的企业无
法使他们受益。

造成变革压力的另一个因素是员工之间普遍存在、有据可查的高
度不投入工作的现象。哈佛商学院仍在进行的研究显示，不到 20% 的
企业管理者有着明确的个人目标。2018 年，盖洛普报告称，美国工作
投入（也就是主动积极参与工作，忠于自己的工作职责和工作地的员
工）的员工比率为 34%。约有 17% 的员工"主动不投入"工作导致生

产力流失，每年给美国经济造成数十亿美元的损失。

最后，"有目标的一代"也为变革带来了压力。研究显示，60%的千禧一代中，"有目标"是他们选择为当前雇主工作的部分理由（热衷使用社交网络工具的用户中有80%将其视为为当前雇主工作的理由）（德勤会计师事务所，2015）。

发展蓝图

虽然有越来越多的企业开始关注目标这件事，也有越来越多的相关案例证实企业有目标的益处，但我们还是缺乏怎样激活有目标和追求的领导能力的专门知识。人们已经认识到，要让所有企业都树立目标，这需要时间，而且这个过程中会遇到各种阻碍，不过这样的问题却仍然存在：企业机构的目标到底是什么？现在的企业目标与以前有什么不同？

虽然近些年来大家对目标越来越重视了，不过仍然还有一些问题未得到解答，也还有很多反对树立目标的。拒绝的理由包括：

·目标与使命、愿景等类似的概念含义重叠，造成了人们对其确切含义困惑不解。

·缺乏明确清晰的定义，也反过来让人们不明白该怎样有效地去实现目标。

·目标其实就是企业社会责任的另一种说法，并没有增加新的含义。

目标定义不明确是主要的问题之一。洛桑国际管理发展学院（IIMD）和博雅公关公司（Burson-Masteller）在2015年进行的研究表明，接受调查访问的高管中，有三分之一表示，很难识别哪一家公司是他们认为的主动树立并追求企业目标的，没有一家公司有最可信或最令人信服的社会目标。接受调查者认为有目标和追求的公司中，大多数只是声明过企业的目标，并没有实际行动。即便是接受调查者认为最有目标和追求的三大公司——谷歌、雀巢和苹果——他们也很少明确企业的社会目标，而且对于要不要追求社会目标，他们过去也都曾矛盾彷徨过。

相同的研究还发现，虽然很多公司说得头头是道，但他们却不一定会去真正追求自己说过的企业目标。即便他们真的去追求了，但看起来可能并没有做到。研究人员总结称，在有目标和追求的企业中，存在潜在的"领导能力缺失"。

为了响应呼吁，要求各企业机构在为所有人创造更美好的未来这方面发挥作用，出现了大量关于企业机构目标的文献。咨询公司、大学和慈善机构都提出了更全面的办法来思考，企业机构怎样才能真正造福社会。英国的一家独立慈善机构"更好的商业发展蓝图"（Blueprint for Better Business），美国哈佛大学的乔治·塞拉菲姆教授，以及波士顿咨询公司（Boston Consulting Group，简称 BCG）、安永会计师事务所和德勒会计师事务所都在这一领域提出了新颖的思想观念。

纵览他们的出版物，几个核心主题不断出现。企业的目标应该是：

·**令人信服的**——它对企业机构的利益相关者，包括员工、客户、投资者和股东来说是有意义的，并能引起他们的共鸣。它让企业机构的成员们有工作热情，使他们能够投入工作，鼓励他们按照设定的目标行事。

·**真实可信的**——它指的是企业实际在做什么，而不是希望做什么，它突出体现在企业如何与客户及其他利益相关者进行沟通。它是企业所特有的，反映了企业的独特性。

·**切实可行的**——它是清晰明确的，能够让人做出相应的决策。它被用于指导整个企业的决策制定，并审核应该开发、保留或放弃哪些产品和服务。

· **有益的**——它通过提高人们的幸福程度，保护地球的资源，促进了生活的繁荣充实。它确定了目标的预期受益者是谁，无论是人类还是非人类。

· **团结一致的**——它让人们为了共同承担的风险而合作。它让不同的利益相关者专注一致，相互协作。它为相互理解和统一行动提供了清晰的合作背景。

· **聚焦长期主义的**——它是可持续发展的保证。当企业积极地致力于减少负面影响，使积极影响在长期内保持最大化，这就能让人们对企业产生信任。

上述这些特征都反映在近现代对企业目标的定义中。维多利亚·赫斯博士、贾德普·普拉布教授和剑桥大学的贾奇商学院的查尔斯·埃伯特进行了研究，并提出了企业目标的定义：

（企业目标是）使企业持久存在的、有意义的理由，符合企业持久的经济利益，为日常决策提供了清晰的背景，激励利益相关者团结一致，合作共赢。

这定义还包括了与企业社会责任、可持续性和使命／愿景不同的含义。这些区别的具体内容如下：

· 承担企业社会责任可以被看作是企业试图解决社会问题的方式之一，而目标是企业机构存在重要的、持续性的理由。树立目标是为了追求更光明的未来，而不是为了逃避更无望的明天。

· 目标比企业社会责任更不可抗拒，因为目标能够使利益相关者都团结一致。目标不是让我们远离我们想要避免的事情，而是让我们朝着积极的方向前进。

·虽然目标与可持续性密切相关——都着眼于长期的总体情况、关注福祉——但目标不仅仅是为了解决环境、金融和社会问题，还包括了人服务他人的自然动机，并让人去追求比自身"更重要"的东西。目标具有激发这种未开发资源的"情感资本"的力量。

越来越多的企业正沿着这些方向明确和调整目标，例如：

打造最佳的产品，不主动制造不必要的伤害，用商务来激发实施环境问题的解决方案。

——巴塔哥尼亚

为生活增添活力。我们用品牌来满足人们对营养、卫生和个人护理的日常需求，这些品牌产品能够让人们自我感觉良好，保持俊美的外表，使人们的生活更有乐趣。

——联合利华

重建商务模式，以建立一个更充实、更持久的世界。

——电商平台 Etsy

世界各地的开拓型领导者正在努力使他们的企业机构树立目标和追求，并按之行事。在全球化的市场中，他们明白，令人信服的企业目标怎样激发出人们的表现能力，让这个世界变得更好——这种转变不是一朝一夕就能够实现的。

规划未来的陷阱

2017 年春，卡夫 - 亨氏（Kraft Heinz）以 1150 亿英镑收购联合利华的收购案受挫，从这个案例中我们能明白，领导者更需要有目标性的领导能力。卡夫 - 亨氏更注重通过削减成本来提高价值，而不是通过投资品牌来创造价值，所以其与联合利华的运营基础完全不一致。联合利华当时的首席执行官保罗·波尔曼，拒绝采用卡夫－亨氏这种"快速且无情"的做法。

近年来，联合利华公司发展的推动主力，是其旗下以目标和追求为导向的品牌，如本杰瑞和卫宝。波尔曼指出，之前的 8 年里，联合利华的股东们在他的领导下获得了回报，并倡导了一种更具包容性的商务模式。在 2017 年 5 月 20 日发行的《卫报》中，波尔曼声称：

"金融市场已经改变了，你需要明确你想要的是什么。你需要的是短期的目标——也就是为一小部分人服务，使一小部分人成为富翁？还是希望大家一起努力为数十亿需要服务的人而服务？这是一个基本的抉择。"

这个问题问到了事情的核心所在。我们是想要为了大众服务，还是为了富翁服务？我们个人和集体未来的生存，都需要把握这个平衡。

应对这种问题，领导者需要一种比以往的领导者惯常采取的方式更为宽泛的方式。领导的传统定义包括"领导就是动员他人为共同的愿望而奋斗"（库兹和波斯纳，1995），还有"领导就是鼓励他人一起完成共同任务的过程"（尤克尔，2013）。

传统观念上的领导能力已经过时了，在这种观念中，并没有将人的自我和全局联系起来。现在，领导能力不只是要影响他人，还要在面对不确定的情况，与他人合作时，领导者该知道怎样管理自己的能力。世界思想家奥托·夏莫（Otto Scharmer）着重强调了印地－欧洲语词根"信念"一词，领导这个词就是从"信念"衍生而来的，它的含义就是"前进"，其他的翻译还包括"跨过门槛""放手"，或是"死"等。领导能力的核心是探索未知世界的能力。我们都感觉到了未来在召唤我们，那我们就需要抛开过去的恐惧，勇敢地探索未知。

成功的领导者通过"感知并实现想要的未来"，参与到我们周围复杂多变的新现实中。他们并没有陷入做固定的 5 年规划的陷阱之中，他们没有专注于进入"规划好的未来"之中，相反地，他们在适应"即将出现的未来"——也就是他们将要迈入的未来。

企业敢于努力追求目标与企业自负、虚张声势截然不同，这种勇气来源于管理者内心的信念，对想要发生的事情深信不疑。正如我们之前所述的保罗·波尔曼的案例，面对即将到来的卡夫的收购，领导者波尔曼坚定了自己的立场，明确了拒绝被收购。面对不确定的状况，领导者明确目标也能给员工们指引方向。当领导者自己有明确的目标时，那他们就能带领自己的企业机构去追求企业机构的目标。

将上述的内容综合起来，我认为，企业机构有目标和追求的定义就是：

有明确的、令人信服的、切实的目标，有助于企业的长期发展，指导领导者的日常决策，让企业员工们投入工作，激励他们做出非凡成就。

跨过通往更美好的未来的桥梁

这是游戏规则千变万化的时代，商界为此做出了重大的贡献。为了合作创造对所有人有益的可持续性的未来，领导者们需要改变他们自己以及他们的企业机构。领导者们对领导能力有了新的认识，并培养了全新的能力时，他们就激发出了他们的企业机构，以及他们身边其他人的内在潜能。

为企业机构的领导者们做疏导时，我跟很多人探讨过有目标和追求的核心是什么。这些探讨过程中，一个重要的主题显现出来，有目标的领导，需要领导者更加人性化。通过提高我们之间相互联系的意识，许多人正在呼吁领导者对企业机构的运营投入更多热情和关注。

跟我探讨过的高管们很快指出，更"人性化"并不是说领导者性格要更"柔和"，而是指务实、坦率、有勇气。高效的领导者不会避开艰难的对话谈判，而是会直面艰难——目标和追求会打破一切因循守旧的僵局。有目标和追求的领导者，希望能对世界产生积极的影响，还有相伴而来的犬儒主义，这都需要激烈的探讨。进行不同类型的对话通常是通往"更美好的未来"的桥梁。

赛德商学院近期发表的研究报告中，很多企业首席执行官谈到，人们越来越希望他成为利益相关者的"人性化"管家，而不是股东们的"主要"代表。在《首席执行官报告：拥抱领导能力的悖论和怀疑的力量》中，很多人都说，平易近人、对工作热情投入和有爱心的人越来越重要了。在不同群体间建立信任的需求正在改变高管们沟通、倾听和决策的方式。在相关的探讨中，合作、倾听、积极主动、善心、谦卑都重新得到了人们的重视，不过，贯穿始终的共同主题是完全"人性化"。

有目标和追求的领导能力的核心——或者我称之为"整体成果"，能为我们生活得更广泛的生态系统创造利益。下一章重点分析有目标和追求的企业案例，并探讨企业怎样利用有理有据的见解来扩大其影响力。

我们可以通过思考、对话和行为来塑造我们的未来。无论是个人还是集体，我们都可以选择避免或是开辟一条不同的道路，这个选择权在我们手中。当我们站在日新月异的变化、复杂和不确定的潮流边缘时，有目标和追求的领导能力这座桥梁在我们脚下延伸开来。在本书的后文里，我们将探索跨越这座桥梁，为我们所有人创造更美好的未来，我们需要付出什么。

怎样开始变得拥有目标感

在阅读后文之前，请花一些时间来思考如下的问题：

1. 要让自己更投入工作，你首先要采取什么步骤？例如，你会更频繁地与客户们联系，更诚心地与团队成员们合作，还是会冒险与更多的人分享你的观点？你会怎么做，什么时候去做？你怎么知道你的方法获得了成功呢？

2. 想一想你的团队获得了良好的领导的经历，当时你感觉如何？你的团队创造了什么好成绩？你能从中汲取怎样的经验？

3. 跟你的团队一起谈一谈目标和追求，如果你更有目标和追求，这会给你的团队带来怎样的影响？要求他们指出能让你们的企业机构更接近如下所述状况的 3 种可行的行为：

有明确的、令人信服的、切实的目标，有助于企业的长期发展，指导领导者的日常决策，让企业员工们投入工作，激励他们做出非凡成就。

4. 选择一个关键性的"圈外"利益相关者。问问他们，在你的能力范围内，你能做些什么来让自己的企业更有目标和追求，与对方商议，什么时候与之汇报你所采取的行动。

第 2 章

∨
∨

赛道选择的指数级增长

　　重视服务于社会目标的企业会经营得更好，它体现了企业的理想和抱负，因此注定会成功。

　　　　　　　　　　　　——《英国经济考察报告》（2016）

　　"无论你是否喜欢，这个世界都在改变，是吗？"

　　我们的发言人拉夫林·希基为演讲全力以赴，他口才也很好。拉夫林·希基是四大会计师事务所之一的前全球税务主管，他在总结有目标和追求的商务企业的表现时，很审慎，也很自信。

　　那时是在由英国慈善机构"更好的商业发展蓝图"组织的为期两天的专项研讨会的最后一个下午，会议桌上摆着一份文件夹，上书该组织的标语——"将企业目标与个人价值观结合起来，以服务社会"，还有一些黄色和蓝色的圆形贴纸。

　　早些时候，我们将一些名牌企业——如巴克莱（Barclays）、天空（Sky）、英国全国银行（Nationwide）、爱尔兰服装零售商普利马克（Primark）、葛兰素史克（GSK）——和其他企业放到一起，要求与会者用蓝贴纸标注他们对哪些公司有信心，用黄贴纸标注他们对哪些公司感到怀疑。企业名排序是随机的，同一品牌名上蓝色和黄色贴纸贴了很多，代表参加会议的人的不同看法。没有哪家企业是只贴了一种颜色的贴纸的，这就创造了一幅丰富多彩的贴画。

透过剑桥大学会议室的窗口往外看，我看到了树上开满了粉红色的花朵，水仙花在盆中亭亭玉立。外面春光大好，连室内的空气也更加清新。

"政府、企业和社会都在强调一件事，"拉夫林继续道，"让企业有目标和追求，这样做是正确的，现在开始正是时候。2016 年，大创新中心发表了一篇报告，称英国因为没有有目标和追求的企业，每年损失超过 1000 亿英镑。"

我感觉到，这话说出来之后与会者们反应不一，有人觉得兴奋，有人面露好奇，有人疑惑不解。我们这一群人也各有各的职业——其中，一位是全球人力资源公司的企业目标总监，一位是顶尖商学院的高级教员，一位是写过以目标为主题的畅销书的作者，一位是某社会企业的创始人，还有一位是来自伦敦的主教。有的人在有令人信服的社会公益性企业机构里就职，有的人所属的企业机构正在重新确定他们的企业目标。"蓝图"的人有着不同的职业背景，一位学者，一位咨询顾问，一位税务专家——都是"蓝图"的高级顾问。

"那么，接下来要做什么？"企业目标总监问道，提出了所有人都在思考的问题。

"架起桥梁，让人们从现在所处的地方去他们想要去的地方。"另一位"蓝图"团队的成员回答，"许多年轻一辈都能理解这一概念。有些参加过达沃斯论坛的企业高管知道，目标就是我们前行的方向，这些高管们已经在外面探讨过企业在社会中角色的变化，但回到他们自己的企业中时，他们和管理团队之间在认知上就会产生差距。要帮助他人，我们还做得很不够。他们与自己企业的管理团队之间，存在的不是差距，而是一条鸿沟！"

"（树立社会目标）我们终会得到大回报，"拉夫林说，"不过重要的是，我们不能过分吹嘘。领导者们需要明白自己的不足，也要知道自己的潜能。企业不会将自己的价值观或目标强加在人身上。苏塞克斯大学的研究显示，如果在员工觉得工作毫无意义的时候，让他们假装工作对自己意义重大，那会有让人心理崩溃的风险。当员工觉得，一项目标，即便是'利益之外的目标'，是只有利于自己而非他人的，那一切就会开始瓦解，会造成长期的痛苦。"

这话一出，大家都沉默了一会儿。然后另一个声音出现在对话讨论中——这次开口的是一个在大企业中工作过一些年头的人。

"社会目标会对企业的战略决策和运营产生怎样的影响？我曾经为之工作过的一家公司负责人，他嘴巴最大，脑袋最小，每次都提到股东价值最大化。股东至上——这就是一切照旧。后来我进入了另一家公司，管理者们明确了一个目标，并树立了相应的价值观，然后高管们对此进行了探讨，不过我们对目标的投入却并没有得到高层的重视。更糟糕的是，那些价值观念通常并未得到尊重，而我们对此无能为力。"

房间里大家都开始窃窃私语起来，而我却在想："如果领导者真的看到了某家公司的竞争优势是因为其有目标，那会怎么样？我们怎么做到这一点？"作为一名咨询师，我想要知道，企业有目标怎么既能带来经济效益，又能创造社会效益——不仅对少数人有益，也对我们所有人有益？我背对着夕阳开车回家，心怦怦直跳。我决心要找到"怎么做"这个问题的答案。

本章主题

当今主导的商业潮流思维，和与之相关联的商业"捆绑"销售模式，与对我们所有人来说都更美好的未来世界之间的差别很明显，消除这种差别，是我们许多人都可以努力去实现的目标。"蓝图"的会议上，大家畅所欲言地探讨了很多关于"有目标感的领导"的关键主题，这些内容也贯穿本章：

- 选对赛道，超越主流
- 功能失调的管理思维
- 崛起中的范式：以新赛道为导向

改变人、企业和领导者根深蒂固的思维方式，这是真正的观念转变。目标，不是指企业利润和企业的风格，它有这种独特的能力，让人们凝聚在一起，以便让企业创造充满活力的经济，让人类真正实现可持续发展——这就是我所说的"全面化的结果"。目标就是能在长期内产生影响和作用的关键因素。

选对赛道，超越主流

"做生意就是要赚钱"是诺贝尔经济学奖得主、美国芝加哥大学（University of Chicago）的经济学家弥尔顿·弗里德曼（Milton Friedman）1961年时提出的经典原则。该原则认为，企业的唯一目标就是使利润最大化，为股东们创造价值。企业的任何其他目标都是对市场的干扰和不必要的干预，可能会导致经济状况不佳——从为股东服务的道义上讲，这将会给经济和社会福利造成不利的影响。

弗里德曼将股东至上当作企业的道德观念使企业与社会产生了分离。他在芝加哥大学招募并指导了几名学生和年轻教授，这些人后来成了一流的经济学家，巩固了利润最大化的理论。长期以来，人们一直认为，创造直接的社会效益可能会对创造利润产生消极影响，不过迄今为止，这种看法已经让商界和社会都感到不安。在结语中，维多利亚·赫斯更深入地分析了其中理由。

然而，近年来，思想领袖和商业先驱们对这种股东至上的思维模式提出了挑战，将企业创造的福利留给了国家或市场——50多年来，这是盎格鲁 - 撒克逊（英式）资本主义的核心内容。2018年1月，全球最大的投资公司贝莱德(BlackRock)的首席执行官拉里·芬克在致"富时100"公司首脑和国际领导人的公开信中提出了"目标感"的概念。芬克说，随着有目标的企业发展势头日渐强劲，企业领导者可能会就企业的"社会目标"进行更深入的讨论，并对企业的战略侧重点进行更严格的审核。

一年后，芬克的这封信被评为是"有目标的资本主义新时代的催化剂"。这个评语不是消费维权人士、社会活动家、学者或监管机构做出的，而是英国《金融时报》美国分部商业编辑安德鲁·埃齐利弗 - 约翰逊（Andrew Edgecliffe-Johnson）提出的。有了他发文声明，社会目标也就成了企业的主流追求。

在全球金融危机爆发10多年后，商业领导者们似乎渴望尝试一些不同的东西。尽管有少数人公开反对芬克的行动呼吁，一些人还指出贝莱德的行为与芬克的言论并不相符，不过，芬克的言论还是引起了大多数人的共鸣（芬克称，反对与支持者的比率为1:9）。在年度报告中提及企业目标的公司越来越多了，那么，现在正是合适的时机，存在有利的条件使芬克的观念传扬开来。

《金融时报》宣称，有目标、有包容性的资本市场是我们"最大的希望"，能为人类和地球面临的问题提供有利的解决方案。这种新的世界观将人性化视为商业活动的核心，重新定义了企业在社会中扮演的角色，改变了市场管理方式，正如我们在后文中所见的那样，它还需要一种新的企业管理方式。

不要买这件夹克

巴塔哥尼亚公司推出的影响力巨大的广告是另一大证据，证明了通过大胆的方式实现目标的重要性。2015 年 11 月 25 日，黑色星期五（感恩节后的星期五），巴塔哥尼亚在《纽约时报》上发布了一则影响深远的广告，这可能是在美国主流媒体中发布广告、鼓励人们减少购买量的唯一一家广告商。通过正面应对消费主义，巴塔哥尼亚的行为遵循了其鼓舞和实施可以持续发展战略、解决环境危机的宗旨，同时为顾客提供了他们喜欢购买的产品。

2019 年 1 月，维多利亚·赫斯博士和我共同主持的职业心理学部门"有目标感的领导者"研讨会上，我跟与会者们分享了上述的图片广告，与会者的反应令我震惊：

一位女士认为这是逆向心理，就类似于有人告诉我们不要认为大象是粉红色的，我们就会去想象粉红色大象的样子，她认为这则广告就是吸引人们购买更多衣服的好方法。

另一位参与者提问，这则广告是真的，还是只是我正在考虑中的创意。听起来有那么点道理！

还有一位称，上述的广告创意就是煽动人们去购买，但他并没有想到更深层的原因。

如果我们想到弗里德曼学说已经在这世间主导了 50 年，而且已经被全球各地的商学院发扬光大，那么上述的这些不同反应就是可以理解的。越来越明显的是，这种英美范儿企业管理模式需要新的蓝图。不只是因为这样做从道义上来说是对的，还因为它反映了 21 世纪的领导风格和经济意义。

在巴塔哥尼亚的案例中，该公司坚持走可持续发展之路，获得了巨大的成功。2016 年，巴塔哥尼亚公司因承诺把"黑色星期五"的全部利润，捐赠给致力于保护我们的空气、水和土壤的草根环保组织，而登上了国际头条。结果远远超过了他们的预期，该公司的商品销售额达到了破纪录的 1000 亿美元。巴塔哥尼亚原本预计能获得 200 万美元收入，不过实际的收入却是预期的 5 倍，他们将这一成功归功于"我们的顾客们对这个星球的无比热爱"，有些人将这次捐献称为"为保护地球筹措资金"。

与以往提倡企业的社会责任和可持续性不同，以目标为导向的方式可以发掘出人的潜力，让人们做出绩效，赢得利润。用这种新兴的方式，企业存在的主要理由不是为了盈利，盈利只是真正实现成就非凡的目标的条件和结果。

没有目标感的风险性

英国大创新中心的报告称，如果不培育有目标的公司，英国经济就有可能成为一潭死水。就业绩而言，有目标感每年能够为企业创造 7% 的价值。英国的企业现在没有致力于追求企业目标，没有使所有利益相关者围绕共同的目标和价值观行事，每年可能会为英国造成 1300 亿英镑的损失。

各企业现在面临越来越大的压力，要求减轻企业造成的消极影响，增加对社会的积极影响。在 2018 年的剑桥分析公司（Cambridge Analytica）的数据丑闻事件之前几年，2017 年曾获得了 400 亿美元利润的脸书（Facebook），就操纵公众舆论的能力受到了质疑。但是大卫·科克帕特里克在《脸书效应》中这样说："事实是，在任何民主国家，脸书都可能决定任何选举的获胜者。"

此外，反对"企业不正当交易"的越来越多了，因为这样只会让富有的人更富裕。以建筑巨头"柿子"（Persimmon）为例，2017 年 12 月，该公司宣布，给首席执行官发放1亿多英镑的巨额奖金，此举遭到政客、慈善机构和专业的企业管理者的谴责，称这样的行为"令人憎恶"。在英国，很多人都为住房发愁的时候，缺乏社会公众意识的领导行为，引发了各层面人群的愤怒。虽然作为企业管理者，该公司的首席执行官已经采取行动，将利益相关者的利益放在了企业利润之前，但是他的领导力减弱了。

迫使企业变革的原因是因为有些企业发生了丑闻，企业声誉受损，且这种损害通过社交媒体传播而扩大。以大众汽车尾气造假丑闻为例，我们看到了该公司是怎样担上疏远所有未来一代汽车消费者的风险的：这些消费者重视环境，并相信他们购买的汽车是一家标榜环保的汽车制造商生产的。

虽然大众公司的管理者们执着于追求成为世界产量第一的企业愿景，但这种愿景没有意义作为基础，也就是说，他们的不正当手段使他们的品牌没有足够的客户资源积累。由于大众公司没有明确的企业目标，而且品牌形象受损，投资者面对这样的风险时，就会望而却步。互联网在全球范围内的快速传播能力也提高了那些不愿服务所有公众的企业的风险。

要让领导者们做出新行为，就要让他们有不一样的视角。了解有目标的领导方法怎样让企业变得日渐引人注目的真实商务案例，就是让企业管理者开展不同视角的好办法。

目标感制胜

越来越多的企业有了明确的目标并遵循目标行事，这些以目标为导向的企业为其商务奠定了坚实的基础，确保了企业可持续发展。之所以这种情况得到了越来越多的领导者关注，是因为树立明确目标并遵循其行事的企业能够获得无尽的利益。总而言之，目标感能使领导者：

1.以令人信服的目标吸引人们，使大家团结一致。

2.增强对工作热忱的团队成员的幸福感。

3.增加员工的忠诚度，因为他们会觉得他们的工作是有意义的。

4.使利益相关者建立对企业的信任，建立企业机构对市场的顺应力。

5.使员工们工作更有激情，从而创造更高的收益增长率，鼓励创新。

6.通过加深客户关系，巩固顾客对品牌的认可度和接受度，吸引更多顾客购买该品牌产品来扩大市场份额。

7.为企业在市场上的战略决策做指南和导航。

安永信标研究所和《哈佛商业评论》分析服务公司2015年发表的研究报告称，已经找到了21世纪持续发展的、成功的企业的"基因"。他们的调查对象包括来自不同企业单位、不同职位和地区的474位高管、企业家和领导人，他们发现，这些企业可以分为如下3类：

·以目标为先者——39%有明确、清晰的目标规划。

·目标开发者——48%正努力确定清楚明晰的目标。

·迟钝懒散者——13%并未开始树立目标，甚至根本没有想过要树立目标。

那些有清楚的目标，并凝聚企业力量为目标而努力的企业——就是上述的以目标为先者——享有3大益处：

·他们的效益增长率更高，包括近3年来的收入增长，顾客忠诚度和品牌收益等。

·他们在企业转型和创新规划（如新产品发布、新市场拓展）方面更成功。

· 他们的员工更加敬业，表现出更强烈的跨职能和周边产品合作的意愿。

"目标是商务活动中强有效的杠杆"，该报告称。能够利用目标来推动业绩和盈利的公司具有明显的竞争优势。

2014 年德勤"核心信念与文化"调查提出了更多证据，证明了有特定目标的企业更有优势。该调研显示，创造"讲目标的文化氛围"能让企业更有自信，促进企业发展。他们对美国的 1000 多名企业高管进行的网上调研发现：

· 为有明确目标的企业工作的 82% 的受访者有自信，认为他们的企业这一年会得到发展（在没有明确目标的企业中，这一比例为 48%）。

· 为有明确目标的企业工作的 81% 的受访者称，他们的利益相关者相信他们的管理团队（在没有明确目标的企业中，这一比例为 54%）。

· 为有明确目标的企业工作的 74% 的受访者称，他们的投资者对他们公司来年的发展前景有自信（在没有明确目标的企业中，这一比例为 52%）。

然而，为了获得这些利益，"目标超越利润"必须成为企业战略的核心驱动因素，而不是供选择的"附加条件"。目标必须足够强大，才能成为企业运营模式的一部分，也必须足够鼓舞人心，才能激发出员工的能量和热情。

这些已经得到证实的商业利益，是目标导向的方式有别于以往使企业成为"为人类造福的力量"的方法的部分原因。10 多年前，在 2006 年《哈佛商业评论》的一篇重要文章中，迈克·波特（Michael Porter，研究竞争战略和"5 种力量"的著名思想家）和马克·克莱默（Mark Kramer）指出，企业可以通过应对人类和环境问题来创造竞争优势。通过"创造共享价值"（这是他们文章的标题），企业可以通过为社会创造价值的方式开拓新市场，从而使企业和社会重新团结起来。这并没有用目标取代最大化利润那么深奥，但它提出了直接服务社会的商业理由。

12 年过去了，企业的财务收入正逐渐证实了这一主张。光辉国际研究中心（Korn Ferry Institute）将目标驱动型企业的营收增长与 500 家同类消费品生产企业进行了比较，其中包括 71 家上市公司。他们发现，有"根深蒂固的目标"的公司，综合年增长率为 9.85%，而一般的公司综合年增长率为 2.4%。

目标感引领投资未来

除员工和客户外，最近的研究还表明，投资者也倾向于投资对世界产生积极影响作用的企业，现在还出现了反映这一新趋势的首字母缩略词。

美国知名的企业管理咨询公司波士顿咨询公司称，投资经理越来越重视环境、社会和管理问题（ESG），并将它们纳入投资决策中。波士顿咨询公司把目标驱动型的办法称为"影响投资的下一个前沿"。他们估计，2016 年，全球因为企业履行社会责任而投资的资产为 23 万亿美元，高于 2014 年时的 18 万亿美元，占管理资产总额的 25% 以上。

波士顿咨询公司表示，随着可靠的 ESG 数据越来越容易获得，我们在影响力投资方面有了"深入性新发展的曙光"。他们强调了社会倾向性，称投资者不应只关注财务指标，而要考虑企业怎样使整个社会受益。波士顿咨询公司将这种投资倾向定义为从使"股份总收入"（TSR）最大化到创造"全面化的社会影响"（TSI）的转变。

波士顿咨询公司分享了他们的一项研究结果，该研究对 5 个不同行业的 300 家公司进行了 200 多次采访调查。从总体上而言，他们发现，关注创造 TSI 的公司利润率和股份收益有显著的提高。虽然他们调查的 5 种行业的公司——消费品包装、生物制药、石油天然气、零售企业和商业银行——它们的经济环境不同，但 ESG 表现和企业市场价值存在着明确且一致的关联。

这一发现，为那些正努力应对看似相互矛盾的目标冲突的高管们提供了机会，让他们保持乐观的心态。除了实现盈利目标和数字化业务转型，首席执行官们还必须面对激进的投资者和消费者对企业和产品的质疑。通过设定扩大全面化的社会影响（TSI）的目标，塑造共同增长和繁荣的愿景，这让高管们能在不确定的境况中增强竞争力，提高他们应对和抵御风险的能力。

由配角变主角

随着千禧一代步入成年期，我们商场上的投资格局也在发生变化。美国私人银行（Bank of America Private Bank）分部，美国信托基金估计，未来 10 年内将有价值 12 万亿美元的资产易手，这也将成为史上最大笔的财富交易，大约相当于美国国内生产总值的 75%。

研究证实，这些财富的新受益者，对如何使用这些财富有不同的态度，如果我们将这放到历史背景中去看，这是有道理的。二战后的经济脆弱时期，婴儿潮一代（二战后从 1946 年至 1964 年）通过创建公司赚钱，当时经济学家弥尔顿·弗里德曼几乎完全从利润刺激的角度来论述经济。

多项研究表明，与婴儿潮一代相比，千禧一代在做投资决策时，考虑企业 ESG 影响的比率要高得多。富达的一项研究发现，虽然只有

30% 的婴儿潮一代和老一辈人进行过某种"社会影响力投资"，但在出身富裕的千禧一代中，这一比率升至 77%，X 一代（20 世纪 60 年代中期至 70 年代末出生者）中的这一比率为 72%。

尽管有些人认为看企业的社会影响力而进行投资决策是年轻人的理想主义行为，但也有些人并不这么看，吉丽安·泰特（Gillian Tett）在英国《金融时报》撰文指出，这些调研指向了一场可能对金融服务业产生深远影响的运动：

> 未来数年里，金融业将需要开始把根据企业的社会影响力而进行投资决策视为一项主流活动，而不是无关紧要的活动，并相应地组织此类活动。

游戏规则真的要就此改变了吗，还是只是"装模作样"？安德鲁·埃齐利弗－约翰逊在《金融时报》发表的文章中强调，即便是雷曼兄弟（Lehman Brothers，为全球公司、机构、政府和投资者的金融需求提供服务的全方位、多元化投资银行）这样的企业，在其 2007 年度报告中也专门提到了可持续发展战略，声称该公司是有环保意识的"国际企业"。企业想要告诉世界，其关心的不仅仅是财务这条底线，这并不是什么新鲜事。然而，不一样的地方在于，商业领导者、员工、消费者、活动家、学者和监管机构这些不可能联合一致的群体正组成"联盟"，一致承认了资本主义正在瓦解，我们的社会需要用另一种体制取代它。

促使企业不仅要努力实现盈利的目标，还要努力为更多利益相关者服务，这个任务完全是可以完成的，但也是非常有挑战性的。

泰特称，在影响力进行投资的这方面，过渡到新市场可能并不容易。她指出，社会责任影响力投资的定义还不明确：承担社会责任是不是就是做出避免如烟草、军火和赌博这样的"罪恶股票"，并减少碳排放或男女同工同酬？此外，投资者发现，很难以明显的方式去估量社会给予的回报。虽然我们已经在讨论怎样定义和评测英杰华（Aviva）、德勤、联合国大会和世界银行等企业机构进行的影响力投资工作，但这方法并未经过验证。

虽然明确的定义和衡量标准是亟待处理的重要问题，但我认为确立目标还有更深层的作用。因为目标不是配角而是主角，我们对领导能力的认知和我们为人的身份需要改变，这也是我们面临的转折点。

挑战主流范式

我们二三十岁的同事们和客户们正在吹响未来的号角，他们在告诉我们，职场、商场和领导者为何需要改变。不听他们的话，那公司和企业就有可能无法吸引未来顾客和有天赋的雇员的风险，正如巴克敏斯特·富勒说的那样："从宇宙的角度而言，我们的孩子就是我们的长辈。"

丽莎·厄尔·麦克劳德（Lisa Earle McLeod），是一位作家和商业女性，她在领英网（LinkedIn）上发表了一篇给商业管理者们的公开信，信中表达了这种希望自己的工作更有意义的愿望，这封信的浏览量现在已经超过100万，在信中，她这样说：

我从小就认为，我有这个能力改变世界。我非常希望你们告诉我，我们所做的工作是很重要的，哪怕是微不足道的工作。我会去复印文件，会去冲泡咖啡，会去做任何微不足道的小事，但我这样做不是为了帮你买新的梅赛德斯（Mercedes，奔驰旗下品牌）。我会给你我的一切，但我要知道这对你有很重要的意义，这比你的底线更加重要。

为了促进让大家都重视树立目标，我们需要点燃年轻人的激情和他们表达自己立场的愿望：我们需要倾听他们的声音，理解他们想要前进的热情和他们为了前进而遭受的痛苦。

一份名为《千禧一代之声》（Millennial Voices, 2018）的研究，就研究了千禧一代者在处理 ESG 问题时，作为投资经理或分析师，对在快速变化的投资环境中工作的看法。罗布是"真正的投资者"（Authentic Investor）的创始人，"真正的投资者"是一家非营利性机构，旨在将目标、价值观、可持续发展和投资机构的日常工作相结合，是跟我为投资行业的人进行领导能力开发培养项目的合作者之一。以下是《千禧一代之声》的研究结果片段：

也许，尤其对长期从事投资的千禧一代者而言，这是一个挑战，嗯，我猜应该是。因为你是千禧一代，你已经被人认为是天真的环保主义者，而且你从事与可持续发展相关的工作，人们更认为你是一个软心肠！不要在你的企业中说"更美好的世界"这种话，因为人们不会重视。跟我的经理讨论我的年度规划时，他问我为什么要写下"为更美好的世界做贡献"这种话，他说，这种事，只能在工作之外的时间去做。（Asset 老板，荷兰）

针对这个观点，这份报告还引用了投资行业领导者的话。以下是英国威利斯·沃尔斯·沃森前瞻性产业研究所（Thinking Ahead Industry Institute）创始人蒂姆·霍奇森（Tim Hodgson）的看法：

读到这里，我的第一反应是愤怒。我想要用他们不使用的语句，"更美好的世界""做有意义的事""积极正面的影响作用"，向我们行业的人大声喊出来。我们现在还有什么目的？如果我们让全球温度升高了，我们的客户会感恩于我们的回报吗？如果说保护环境不是我们的问题，那我们就是在逃避与我们的特权同时存在的责任。

我的第二反应是忧虑。在这些精神渗透我们行业，被我们的商业领导者接受之前，我们是否已经领会了它们？我们是不是开始得太迟了？我希望我们这一代人能够做出变革，并真正发挥出领导者的才能，以便使这些千禧一代在担任领导时能够促进让大家合作，——让他们感激我们，而不是诅咒我们。

我们忽视了年轻一代与我们意识和认知不同，这样是有风险的。而我们需要想方设法，用至关重要的典范人物来给他们做榜样，让他们成为未来高效的领导者。

功能失调的管理思维

没有什么比糟糕的榜样更危险的了。拥有"有限理性模型"，不惜一切代价实现利润最大化的领导者和管理者，就是我们现在非常熟悉的那种"干劲十足、为人严谨、专注于号令和控制他人，痴迷于股价，不惜代价都要取胜"的商业领导者，就是糟糕的榜样。

这种企业生活的"悲观愿景"根深蒂固。"有限理性模型"想当然的观念，促成了我们今天在企业中看到的许多实际的管理和营销活动，包括：

·雇员是用来被控制的，而不是被信任的。

·客户是企业售卖商品的对象，而不会被鼓励做出更有意识的决策。

·企业会给股东们最大化的收益，而不会向股东们咨询从商更负责任的方法。

如果我们认为，有社会目标的企业是一种新的企业范式，那么有抵制这种新兴范式的行为也是可以理解的。美国唯物论者和哲学家托马斯·库恩（Thomas Kuhn，1922—1996）将企业范式定义为一种框架，其中包括团队成员普遍接受的基本理论和思维方式。当科学理论的基本概念和实践方式发生根本性的改变时，我们就会有效地运用"范式转移"（指行事或思维方式的重大变化）的概念，去理解关于怎样树立目标经商的问题，弄懂怎样才是最好的前进方式。

目标化变革挑战了传统的商业思维模式，更重要的是，它还挑战了传统的人性思维模式。如果我们将它视为"范式转移"，那我们就能明白人们为何能接受它，又为何抵制它——我们也会见证，人们对它的疑虑会渐渐地转变为支持。任何学科——科学、经济学或医学——的主导范式，一旦不再符合事实，就会开始失效。就像我们在有目标的企业案例中所见的那样，当有足够的证据出现时，传统的主导范式也就得不到维护，更精准的思维方式和新的行为方式就会开始出现。

我们见到了营销方面的这种"范式转移"。赫斯和惠特尔西（Whittlesea）（2017）已经划分了3种主要的经济范式：

· 生产并销售——根据古典经济模式，企业的目标是通过提高销售量，减少成本，使股东的利益最大化。

· 感知并响应——根据新古典经济模式，企业的目标是通过响应消费者偏好来使股东的利益最大化。

· 指引并合作创造——根据生态经济模式，企业的目标是通过合作创造利益的相关者之间深入的关系，来指引所有人实现长期的社会福祉，这些关系可以转变为我们需要的东西，并随着时间的推移实现盈利。

赫斯和惠特尔西指出，上述的3种范式中，前两种是针对企业及其相关行为的，与为所有人提供可持续的长期福祉是不相符的，只有第3种范式——"指引并合作创造"是与之相符的。了解了这3种范式的特性，我们就更容易有意识地让自己的企业转变为这种模式。这要求企业从最深层的身份和文化层面认识到，自己是如何引导社会的。

再想一想巴塔哥尼亚"不要买这件夹克"的广告，看看"社会领导能力"是如何生效的。根据心理学家的反馈，如果我们通过上述的前两种范式看这个广告，就会使人困惑。

刚开始的时候，新的经济范式通常是得不到公众认可的。当我们面对反对树立目标者的冷嘲热讽时，我们最好是记住加拿大教授和哲学家马歇尔·麦克卢汉（Marshall McLuhan）的明智观点：

我们之所以会产生焦虑时代，从很大程度上而言，都是我们试图用昨天的工具和昨天的定式思维，来完成今天的工作造成的结果。

难以面对的真相和容易面对的真相

我们怎样才能认识到，我们是在用新的还是旧的经济范式思考呢？根据"蓝图"的说法，就整体业务而言，一切照旧的商务模式有很多"难以面对的真相"和"容易面对的假象"。

"难以面对的真相"之一就是，企业对人的认识非常狭隘。我们通常认为，商人是自私的，是理性的，有合适的信息，就能做出市场决策，使他们的个人利益最大化。"人力资源"是为了创造收益而存在的，"人力资本"是为了使股东利益最大化的。

由美国经济学家、芝加哥大学布斯商学院教授理查德·塞勒（Richard Thaler）提出的行为经济学这一新兴领域，已经证明了这种模式有多么不完善。塞勒因为对行为经济学——也就是从哲学角度研究金融和经济的学科做出的巨大贡献，而获得了2017年度诺贝尔经济学奖。

塞勒已经证实了，在我们做经济决策的时候，我们的情感、冲动和本能通常会干扰我们的理智。"经济人"是一个符合古典经济学，但却与现实挂不上钩的虚构角色。与新自由主义经济模式所要求的相比，现实中，我们在做决定时头脑不那么清醒，更情绪化。

政治家、政策制定者和心理学家已经应用这个更新的人性模型来推动人们改变他们的行为。塞勒的观点被认为是通过改变税收要求，从而增加了英国的税收收入，并说服了 20% 以上的人考虑改变他们的能源供应商。虽然我们把因为文化根源和个人因素形成的行为动机化为当前的行为时，必须谨慎行事，但是，通过反对先前公认的关于自我追求和理性行为的"真相"，塞勒、丹尼尔·卡尼曼和同事们已经打破了"经济人"的主要支柱之一，因此也对现存的经济模式提出了更广泛的问题。

从另一方面而言，一切照旧的经济模式中"容易接受的假象"主要内容就是，人们纯粹（或主要是）受到了金钱、个人地位和权势所驱使。"蓝图"强调，这是"功能失调的管理思维"的基石。根据现代的心理学研究，人性的这一范式不仅是不完善的，也是不准确的。

实验心理学家爱德华·德西（Edward Deci）和理查德·瑞安（Richard Ryan）有着强烈的人文主义倾向，他们在过去的 40 年里培养并验证了一个不同的模型。他们最令人吃惊的发现是，奖励金钱和奖品在提高员工表现方面不仅没有心理学家预测的那么有效，而且实际上会破坏人们对工作的积极性。与受到外部因素刺激而自行努力的个人不同，"自我决定理论"认为，当我们受到内在心理动机的驱使时，我们会更投入工作，换言之，当我们按照我们认为有意义的目标而努力时，我们就会发挥出最大的潜能，做出最佳的绩效来。

崛起中的范式：以新赛道为导向

《英国经济考察报告》称，企业与更多利益相关者的互动增加，从而为员工和整个社会创造了新的"运动"。他们长期的愿景令人惊讶：

到 2026 年时，所有的英国企业都将有包括服务社会和改善环境在内的目标。最成功的企业将是完成了这一使命的企业。

该报告指出，虽然有社会目标的企业越来越多了，但设立社会目标这种意识并没有在商业领导者的头脑中根深蒂固。考虑到目标改革的规模和范围，上述的事实也并不奇怪。以直接为更多的利益相关者提供服务取代股东至上的态度，会扰乱大多数企业领导者的思维模式。

现有的商业管理主导模式太过深入人心，在商界以及我们的生活中都需要彻底的意识变革。赫斯和惠特尔西探讨了价值创造的含义，但还未详细阐述的重要领域是领导能力——本书弥补的是这方面的一项空白。

以目标为导向的企业为我们树立了关于商业和个人的心理模型。在下文的表1中，我列出了传统的号令和掌控领导模式与新兴的以目标为导向的领导模式之间的主要差别。理解以目标为导向的商业管理模式，与被广泛接受的传统管理模式之间的冲突，有助于促进企业与社会的关系发展，因为领导者需要时间来整合基本的新思维方式。这张表格为两种领导者做出了确切的对比，以指导他们缩小渴望建立目标驱动型企业和现实之间的差距。

表1　两种领导模式

	号令和掌控：传统的领导模式	以目标为导向：新兴的领导模式
总体管理方法	·人们遵循和服从进行交易时的正式合同 ·企业在市场中参与竞争来获得市场份额	·人们齐心合力围绕强有力的目标工作，并尽全力为大众服务 ·企业为社会和世界的繁荣昌盛做贡献
商务范式	·企业内部只关注企业在市场上的表现力 ·企业的目标是赚钱，并在短期内使股东的利益最大化	·企业是社会中行善的中坚力量 ·企业的目标是提供有益于整个社会的产品和服务，并从中盈利

（续表）

人物模型	·自私：我们对获得的渴望被我们对尊重的渴望所约束 ·机会主义：团队成员们需要被控制，需要给予奖励或惩处 ·受到钱、权和地位的诱惑和驱使	·有良好的服务意识：我们帮助他人的愿望就是我们能量的无尽源泉 ·资源丰富：团队成员们需要机会成长，需要机会去表现自己 ·因他人的认可、欣赏和感恩而受到鼓舞
领导方式	·权力集中——通常由高高在上的高管做决策 ·重视控制、感召力和信誉 ·因为奖励专业化而导致谷仓效应（指企业内部因缺乏沟通和互动，不同部门各自为政，未建立共识而无法和谐运作）	·权力下放——决策是由那些最贴近"现场"的人做出的 ·重视激情、共同的目标和归属感 ·为了集体冒险而相互协作
追随者类型	·驱使我 ·回馈我 ·告诉我	·认识我，将我当作群体的一分子 ·激励我，鼓舞我 ·听我的，尊重我
得到的结果	狭隘的结果 ·在短期内为股东们使利益最大化 ·通过兼并、收购、借债和缩减成本来增加收益	全面的结果 ·为所有利益相关者带来利益，以改善所有人的长期福祉 ·通过现有业务的快速发展，实现社会业绩和企业业绩的有机增长

　　如果我们不找到特定的方式改变心中的领导模式，那么为企业树立目标就会成为一纸空文。虽然企业社会责任运动已经开展了60年，但却未能真正起效。重视企业社会责任的运动若是只有表象，那么企业可能会"漂绿"（指企业为树立支持环保的虚假形象而做的公关活动、捐赠等），"漂目标"（企业为显示自己重视目标而做出的虚假表现）。如果企业的领导者不付诸行动，真正做出改变，那么设立目标的运动火热也不过只是一时。

我们已经知道，只要方式得当，那么为企业设立目标，以目标为导向的好处就一定很多。然而，领导者在响应号召，使企业成为社会变革的推动者时，也面临着艰难的抉择和全新的挑战，令人心情紧张难安。虽然使企业以目标为导向有诸多益处，但这样做通常也会招致猜疑。联合利华的前首席执行官保罗·波尔曼就撰文称，对于重新定义企业的社会目标，大家的疑虑重重，难以打消。评论员查尔斯·摩尔（Charles Moore）在《旁观者》（*The Spectator*）杂志撰文，指责"清醒过来的"企业领导者们鄙视盈利和大生意。

在这个分裂的世界中创造共同的未来是我们面临的最紧迫的挑战之一。对领导者而言，这意味着将专注的目标从不惜一切代价实现利润最大化，转变为带来有益于我们所有人的有利变化的积极变革。只有这样，企业才会发挥出它们的潜能，成为更美好的人类社会的推动者；只有这样，人们才会相信，企业是负责修建通往更美好的未来的桥梁；只有这样，领导者才能真正发挥出自己的领导才干，真正领导企业为善。

在我们这个瞬息万变的数字世界中，我们不能重复犯过去的错误，因为错误的传播速度比以往任何时候都更快，传播范围更广泛。现在，我们有最大的机会摆脱过时的领导模式和人类过时的想法观念，去创造新的模式和观念。变革从来没有如现在这般快过，以后不会再慢了。这个世界怎么改变，从很大程度上来说，都取决于我们。我们比以往任何时候都需要做出正确的行动，也比以往任何时候都需要专一的领导者。

正如俗语所说的那样，作为领导者，我们必须"前人种树，后人乘凉"。

怎样开始树立目标

先暂停阅读，思考如下的问题：

1. 为你的企业树立明确的目标，并敦促大家为了这一目标共同努力，会为你的企业及其利益相关者带来什么好处？回顾上文"目标感制胜"这部分内容中列出的 7 大主要益处，哪些对你最有吸引力，为什么？

2. 你的企业没有明确的目标，对你的企业来说有什么害处？考虑一下职员流失、无法吸引有才干的人入职或顾客回头率降低可能给你的企业带来的影响，你怎么能确保，在以目标为导向的运动轰轰烈烈地进行时，你的企业没有拖后腿呢？

3. 让企业的领导者更加重视以目标为导向，你们面临的主要挑战是什么？看一看上文中两种不同的领导模式分类表格。列出一种可以用来解决这一挑战的因素。如果你有效地利用了这一因素，你会首先注意到什么问题？

第3章

4 种能力：如何培养赛道意识

> 你永远无法通过对抗现实来改变事物。要改变事物，就
> 要构建一个全新的事物，使现有的事物看起来跟不上潮流，
> 过时。
>
> ——巴克敏斯特·富勒

董事会成员们和我鱼贯进入会议室时，气氛很紧张，跟之前喝咖啡的时候那种热闹的氛围完全不同。大家都坐了下来，避免彼此对视。我发现我的心怦怦直跳，双手紧张得直冒汗。当然，会议室里的这种怪异氛围给了我少有的体验。

后来，我的经验丰富的合作者提了一些建议之后，会议室里的氛围才稍微缓和了一点。我一直没有出声，抓住机会在一旁旁观。根据我们事先达成的协议，我整理了一下我观察到的东西，准备在下午开始行动，组建一支新团队，促成大家开始交流，来讨论这支新建的团队怎样才能带来积极的变革，这也是我做我喜欢的工作的一次大好机会。

然而，我的兴奋感很快就消失了。由于上午的会议时间延长了，到结束时，午餐的食物也已经摆到了桌上。我把盘子放到高管们坐的大桌子旁时，其中的一位高管问我：

"你确定你要选的人了吗？"

他看着我的眼神冰冷，本来就饿了的我更觉得腹中传来痛感，我觉得他这话与其说带着开玩笑的性质，不如说是羞辱。还不等我揶揄两句，他继续说：

"你来这里做什么？难道是让我们去选？"

我放好餐盘，尽全力重新跟他解释，然而我发现，我找不到这样做的热情。

回顾过去，这件事总是在提醒我，对许多人来说，企业生活是多么不快乐和不健康。虽然 10 年前我也曾在大型企业工作过，但作为咨询师，我已经忘记了，在职场上，背后中伤、欺凌和"大男子主义"行为是日常现象。我们很多人首先知道的是，负面情绪、竞争和不惜一切代价取胜的心态会削弱工作表现力和幸福感。残酷的竞争通常会抑制正常的合作，我们都会错失机会。

全球化经济对快速决策和"永远在线"的心态的要求，给领导者、员工、供应商和客户都带来了过重的负担。这些负担和压力会导致不友善的批评、背后中伤和自私行为，而这一切都会对企业绩效产生负面影响，而且影响的作用也更加广泛。由于没有投入太多的热情和精力，没有全神贯注于工作，也没有树立明确的目标，并遵循目标行事，我们个人、企业和整个社会都有面临失败的风险。

尽管我们有充分的理由支持企业设立并追求目标，但我们缺乏对人的领导能力的深入探索，而这正是让企业设立并追求目标这一宏大的运动所必需的。本章就弥补了这一短板，介绍了我们所缺乏的内容，也就是这一新运动所需的 4 种主要领导能力。

培养这 4 种能力，领导者就能够设立特别的目标——既为他们的企业、团队，也为了他们自己——并为之做出有效的部署。这种领导方式建立在号令与掌控型领导模式的基础之上，又与之性质不同。为了创造真正鼓舞人心的企业和非凡的业务成绩，带来更多的社会、环境和人文利益，领导模式需要从传统模式进化为更宽泛、更新颖的模式。本章包括了如下内容：

- ·创造变化
- ·以新赛道为导向的领导所需的 4 种能力
- ·归属感

赤着上身的舞者

我从事领导者培训工作已经有近 20 年时间了，我有一个最佳的视频推荐给你们，在搜索引擎上查找这一段时长不到 3 分钟的视频选段"领舞者的领导能力"（Leadership from a Dancing guy），愿你们看得开心！

在这段视频中，我们见到了一场音乐节盛典的场景。Sasquatch 音乐节在一座山上举行，人们都躺在山坡上，一对对情侣欢声笑语地铺上地毯。乐声不断，一个小伙子赤裸着上身，双臂高高举起，翩翩起舞。

很快，我们又见到另一名舞者合着节拍挥舞着手臂，跟着一起舞蹈起来。"领舞者"给了他一个拥抱，两个人一起合作起舞，旁边有一大群观众围观。第一个跟随起舞的舞者呼叫他的朋友们，然后又有两三个人加了进来。接着，更多的人加入了舞蹈，好像大家都一起跳舞了一样。

这一段短短的视频，成了名为"如何开始一场运动"的 TED 演讲视频的一部分，该视频在 2010 年发布时就很受欢迎，如今获得了超过 800 万的点击量。德雷克·西弗斯（Derek Sivers）对这段视频教我们的如何在 3 分钟内开始一场运动的内容进行了评论。这段视频教给了我们领导能力的如下内容：

· 领导者需要勇气。作为领导者，你需要有勇气坚持自己的立场，有勇气尽到自己的职责，能够冒看似荒诞不切实际的风险。可能会有很多人都在观察你，批评你，认为你是个废物，而你却一直勇敢地坚持按自己的节奏行事。

· 领导者需要与人联系。没有第一位跟随者，上文那位赤裸着上身的舞者无法成为"领舞者"。有了另一人随着他一起跳舞，那么领舞者就不再是单独的个人，这场舞蹈就是他们两个人合作去完成的。后来更多的人加入了进来，那么他们就是在合作吸引更多的人也加入舞蹈。领导者离不开追随者。

· 领导者是离不开系统的。领导者置身于社会系统之中。上文所述的那位赤裸着上半身的舞者并不是独自在跳舞，他身边还有其他人在看着他。即使观看视频的人认为别的人也想加入舞蹈之中，但他们也都还是坐在一旁，不让自己出洋相。即便是在独立音乐节上，从众——遵从群体而不是独自行事的压力也很大。

当然，企业管理者的情况比上述的视频更加复杂。企业管理者要处理各种人际关系，权力和地位纷争。然而，舞者的视频的确证实了，领导不是静止的、能够独立完成的工作，而是系统化、灵活化、参与化的。正是在这样的背景下，对人来说，领导一个团队才是这样一种挑战。

在过去的 50 年里，出现了几种新的领导模式，在这些模式中，领导者都被视为公共利益的管理者。服务型领导、变革型领导、可信型领导和尽责型领导，与我在本书中介绍的领导有一些共同之处。上述的 4 种领导者都是有远见的、鼓舞人心的——是理想主义的。他们大部分都有同样的榜样——如纳尔逊·曼德拉、特蕾莎修女和马丁·路德·金——并总结了这些榜样人物的共同特征和所具备的能力，供领导者个人进行培养和展现。

然而，这些典范人物的领导模式都没有得到应有的重视。正如詹妮·韦德（Jenny Wade）在她的文章中所说的那样："离开高山之巅，回归街头闹市。"虽然这些人物都证实了领导者有超越自我、自己蜕变的能力，但就如何实打实地培养领导才能这个问题，这些人物典范都不能给出全面的解答。此外，之前的这些领导者案例关注的都是领导者个人，而没有关注领导者所属的集体，也就是塑造了他们行为的环境。

我们关注这些人物案例，但却没有仔细思考他们是怎样发挥领导才干的，没有考虑他们发挥领导才干时的环境。企业的领导者都渴望通过更注重目标来提高生产力，同时为股东带来更多利润。许多领导者都想要知道，如何在与众多利益相关者进行互动时处于领先地位。越来越多的企业认识到，成了全球化的企业，他们将最大限度地确保自己的生存，但是找到正确的方法达到这一目标却很难做到。

创造变化

好在领导能力培养研究显示，社会目标增加了一个至关重要的，让领导者成长的因素，而不是让领导者止步不前。目标在帮助领导者应对错综复杂和不确定的情况时发挥着重要作用，这样领导者才能够适应我们这个快速变化的世界的需求。

"领导者是培养出来的，而不是天生的，他们的成长对企业变革很重要。"大卫·洛克（David Rooke）和威廉·R.托博特（William R.Torbert）说。在《哈佛商业评论》发表的文章中，他们概述了领导者如何以可预测的方式成长。领导者理解并应对环境的方式是通过一系列已知的步骤培养起来的。洛克和托博特在文中将领导能力的培养划分为3个大致阶段。他们的研究发现：

传统领导风格的领导者，能够成功地实现短期和中期的目标，但却会因为无法跳出思维定式而受到限制。在快速变化的环境中，这种领导风格的领导者很快就会受到行事僵化观念的限制。（85% 的受调查案例是如此）

将传统和非传统领导风格结合在一起的领导者开始打破规则，并创造了创新所需的条件。一味求稳的方式被敢于冒险的方式所取代，领导者重新评估先前的行事方式，并尝试新方式。而且，他们打破规则，愿意尝试风险性增加的方式。（10% 的受调查案例是如此）

后传统领导风格的领导者看问题更加全面，制定目标，将他们的企业视作一个整体，而且也明白他们的企业与更广泛的利益相关者之间的关系。他们能敏锐地意识到他人的不同观念，并且明白，要想创新，就要允许他人犯错。其他不认同他们的社会意识和商业理念的人，可能会否定他们的道德高标准和他们对真相的关注。（5% 的受调查案例是如此）

这并不是说，后传统风格的领导者生来就比前两种风格的领导者"更好"。在快速变化的销售环境中，以更传统、更机会主义的方式行事的领导者，可能最能有效地创造收入。在团队成员互动交流有限的地方，循规蹈矩的领导者可能是让大家团结的"社交黏合剂"。

前两种风格是后一种风格的必要基础，后面的风格"升华且包括"了前面的风格。如果领导者是舞者，学会了更多舞蹈动作编排，能够与更多的舞伴合作交流，他们的舞蹈就会更多姿多彩。未来的领导者将有能力进行"风格切换"，根据身处的状况调整变换他们的行事风格。

简而言之，后两种风格的领导者思维更加灵活，更有集体意识，而且也更能够领导不同的利益相关者。他们也能更好地实现目标，而这需要领导者在行事方式上做出几种改变：

·从关注短期目标变为关注全社会的持久幸福。

·从只服务于股东转变为服务于更多的利益相关者。

·从关注利益最大化变为关注人文，关注令人信服的社会目标。

·从追求控制他人的权力到追求让人们成就非凡的能力。

未来的领导者将越来越多地体现这些改变。坚持这样做既有助于实现目标，也能促使人们团结合作，为我们所有人创造更美好的未来。

目标感的推动力

目标感能够推动传统领导者改变他们的领导方式。这很重要，因为进行改变的时候可能会遇到诸多阻碍。领导者可能觉得事情一团糟，不明白该怎么办，他们可能有一种强烈的本能，让自己按照过去熟悉的方式行事，因为这种行事方式已经变成了根深蒂固的习惯。领导者可能会坚持用"已经得到验证有效"的行事方式，不听取不同的意见，不开阔自己的视野。因为上述的这些理由，只有一小部分领导者采用后传统式领导方式（5%）。

目标能使领导者们朝着更大范围的整合的方向前进，而不是偏离这个方向。正是这种促进力使领导者更进一步，从而让他们不采用更传统的领导方式：

·企业目标能够打破障碍，让所有人都参与到工作中来，帮助领导者建立并维持团结合作的企业氛围。

·团队目标能够激发出团队成员们的工作热情，让大家都发挥出自己的最佳潜能。

·个人目标能让领导者坚持自己的立场，并竭尽所能克服实现目标的压力。

要创造积极的未来，确保企业的成功，最重要的是领导者们要培养树立目标的意识，正如弗雷德里克·莱卢（Frederic Laloux）在《重塑组织》（*Reinventing Organizations*）一书中所说的那样：

"领导者不成长，企业就无法发展壮大。"

企业的领导者并不只是策略的制定者和监管者，而是鼓舞激励人们去做出非凡工作的人。作为全球化的社会，如果我们想要应对我们所面临的全球化重大挑战，如果现在的企业机构想要在未来仍然保持活力，那么我们现有的领导模式是不完善的，迫切需要更新。

意识的改变也有助于使领导者接受以目标为导向的新兴商业模式。领导者有必要了解，怎样协调社会目标和经济利润的关系，从而摆脱两极分化的思维方式。这种"无分别"的认知包括既重视利润和目标，关注员工和绩效，权力分化，也注重物质财富和精神健康。这种内心意识的改变相当重要。没有这种改变，那么企业也就不可能有任何外在的变化。让企业成为这世上为善的中坚力量的变革的核心，就是这种意识上的改变。

创造可持续性的变化

领导者通常会因为其干劲、决心和明智的决策而得到回报。虽然实现如销售业绩目标，获得经济利益这样的目标很重要，但它们并不能促进人改变意识。

2017 年，在她的书《仍在变化：如何引导意念改变》（*Still Moving: How to Lead Mindful Change*）中，黛博拉·罗兰（Deborah Rowland）介绍了领导者为何需要提高对"全局"及"自我"的全面认识，以创造可持续的变化。罗兰对比了这种"仍在变化"的领导风格，和"忙于行动"的领导风格之间的差别。如果领导者罔顾全局，也忽略了自己的内心需求，就匆忙投入行动，他们最终"不会有任何进步"。

她调查访问了 65 位领导者，并对他们的资料进行了统计分析以评估他们的领导效能，结果发现了 3 条"重要信息"：

·在处理牵涉许多人的复杂情况时，某些领导者比其他领导者要成功得多，他们综合了两种技能——适应了他们真正的"自我"，适应了"全局"——能够创造可持续性的变化（据统计，这种技能的整合在成败的概率上占了 52%）。

·领导者地位越高，他们就越该全面地认识自我。通过在他们身边创造放松的、"确定的、不焦虑的"氛围，他们创造了一种这样的环境，让人们可以自由表达他们的担忧，自由表达真实的自我，关注重要的事情。

·内在能力的培养先于外在能力。匆忙投入行动往往意味着会经常出现功能失调。高效的领导者是"从源头开始领导"，而不是匆忙投入杂乱无章的行动中："要想行动顺利，首先需要的是沉静。"

虽然有目标的领导需要多种能力，但上述的调查有助于提炼出所需能力的本质。

以新赛道为导向的领导所需的 4 种能力

正如巴克敏斯特·富勒所说的那样，要改变事物，就要构建一个全新的事物，使现有的事物看起来跟不上潮流，过时。领导者要想改变过去那种"号令并掌控"的领导模式，就需要有新的模式来替换。目标有一种独特的潜力，帮助领导者消除阻碍，并让员工们有方向感，从而在他们所属的企业机构中创造积极的工作氛围。目标需要领导能力，而领导能力从本质上而言也是引领着人们朝目标前行的能力。有了这个中心，领导能力的新模式才可能存在。

以目标为导向的新兴领导模式的核心，就是 4 种能力。有了这 4 种能力，他们就可以从追求控制他人的权力的传统领导者，变成通过树立鼓舞人心的目标，激励他人发挥自己最佳状态的革新型领导者。

下图中列出的以目标为导向的领导所需的 4 种能力，总结的来源各不相同。除了上述的研究之外，还有拥有超过 15 年国际咨询经验，并与企业高管、同行和变革者进行过多次沟通的目标研究学者、活动家维多利亚·赫斯博士（撰写本书后记）以及领导能力培养专家艾莉森·迈尔斯（Alison Miles）给出的意见。我、埃德·罗兰和我们的同事斯科特·道恩斯（Scott Downs）在共同撰写的论文中提出了一种具备 6 种能力的领导模型，根据进一步的钻研和咨询工作，我对这种模型进行了改进。

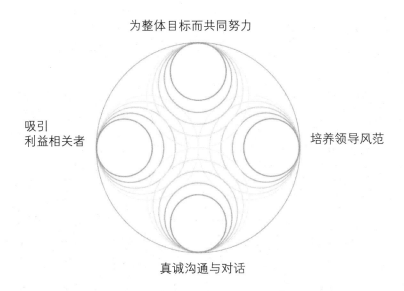

以目标为导向的领导模式：4 种核心能力

具备这些能力，领导者们就能够"全心"投入工作，激发出"整个集体"的潜能，创造全面化的成果，包括提高竞争力，促进根本性的社会变革。它们让领导者支持每一个团队成员，让他们产生归属感，明白他们的个人目标和企业目标之间的关系。

　　培养这 4 种相互关联的能力，领导者就能够鼓舞团队成员，提高他们的表现力。集中培养这 4 种能力，而不是单独着重一种，那么它们产生的影响作用是循环的、累积的。在第 2 部分中，我将用 4 个章节分别介绍这 4 种能力。对领导者来说，有明确的目标并按之行事，就能增强领导能力。这里仅做一点简单介绍。

核心能力 1：培养领导风范

　　培养领导风范就是有自我认知，全心投入并适应将要发生的事情。虽然风范这个词难以言表，表述清楚很难，但它是有目标的领导的基础。风范使领导者全心投入，认识和了解他们所处的整体环境，并促进"全面化的成果"诞生。要明白这是怎么起效的，我们先看看体育运动，然后再来说商场。

　　顶尖的体育运动员通过在赛场上表现出风范，就会"进入心流"。"心流"这个概念是 1975 年心理学家米哈里提出来的，又称"在状态"。这个词的意思就是全神贯注，将全部精力投入活动中，并且很享受。

　　米哈里将"心流"这种状态视作"积极的体验经历"，因为它会使人产生深深的满足感，提高人的表现力。在做某件事时我们能够"进入心流"，与此同时我们也需要完全投入。如看电视这样的被动式活动不会让我们产生这种状态。然而，我们发挥出了最佳的状态，不一定能体验到"心流"，但是培养我们的风范却能够让我们体验到！荷兰职业足球运动员约翰·克鲁伊夫（Johan Cruyff），被公认为是足球史上最伟大的运动员之一，他就是有风范的典范人物。他带领荷兰队挺进 1974 年世界杯决赛，并获得了世界杯亚军。他被称作是"全能的足球运动员"，他很有把握时机的天赋，能发现别人发现不了的传球，能够辨识整场比赛赛况的起伏。

克鲁伊夫明白，完全展现风范是什么意思。他曾说过："你必须在对的时间去对的位置，不要太早，也不能太迟。"对他来说，"完美的比赛"的目标不只是赢，还要以"对的"方式赢。只有赢得了参赛者和观众的心，赢得比赛才有意义。快乐和享受跟获得好的比赛成绩一样重要，正如他所说的："发挥得很好却得不到好的结局，是没有意义的；没有发挥好，即便得到好的结局也不会让人兴奋。"

虽然克鲁伊夫的体格和力量并不是特别令人印象深刻，但他对赛事的解读是与众不同的。"我们一直在讨论位置。克鲁伊夫总是说，球员们应该跑去哪里，应该站在哪里，应该停在哪里，比赛就是不断地腾出位置，然后补上。"20世纪70年代跟克鲁伊夫一起踢过球的球员巴里·赫尔肖夫（Barry Hulshoff）说。克鲁伊夫对"位置"的认知使他成了一名高效的球手和团队合作者，随着技能的熟练，他对队友们的位置有了深刻的认识，从而促使了其他队员们发挥出自己的优势。他的风范体现了他对赛事的投入、纯粹性和灵活性——这些品质都与风范有关。

对企业领导者来说，表现出风范，保持开放的心态是一种很好的状态。在对米哈里的书《好生意：领导能力、"心流"和创造意义》（*Good Business: Leadership, Flow and the Making of Meaning*）进行书评时，科特·维瑟（Coert Visser）提出了好工作的定义，就是"你享受做到最好的过程，与此同时忘我地为他人做贡献"。因为目标提供了这种较高级别的环境，所以目标驱动型企业中的个人和团队，更有可能体验到"心流"，更有可能做出更高的成就。

领导者表现出来的风范（我称之为风范）分3个级别。在企业机构中，我们的风范增强了我们的能力，让我们乐于放弃过时的工作方式，转而采用新兴的观念和方式；在团队中，我们的风范让我们对他人的意见和表现保持开放的心态，不会因他人的付出和天赋而感觉受到威胁；即便是受到了诱惑，我们也能够脚踏实地地去工作。从个人角度而言，我们是独立自主的，只要明白自己的个人使命，那么无须外物的诱导我们也能够主动去追求。

只有建立了领导者风范，领导者才不会只以自私的方式行事。在《报道该城 20 年——我的经验》这篇文章中，《金融时报》商业编辑萨拉·戈登（Sarah Gordon）指出，导致 2008 年金融危机的其实与财经管理没有那么大的关系，而更与领导者的行为和个性有关。她写道：

在这场危机中，有一种风险因素以多种不同的形式反复出现：唯我独尊。在商界，这会导致诸多个人化及集体化的问题。

马丁·索雷尔（Martin Sorrell）创建了 WPP 广告公司，并在其中工作了 33 年，但却以纷争收场，这一部分原因在于，他轻视那些在工作中与他紧密相关的人。前投资银行"雷曼兄弟"最后一任董事长兼联合首席执行官理查德·富尔德（Richard Fuld），权势滔天，甚至负责监管其职责的董事会成员也约束不了他。萨拉·戈登还列举了别的企业高管的一些案例，这些人不喜欢自己的判断遭到质疑，尤其是那些任职时间很长的管理者。他们丧失了自我认知，总是做出不负责任的领导行为和糟糕的商务决策。

在我们这个彼此联系愈加紧密的世界中，我们比以往任何时候都更需要全心投入的领导风格，正如思想家理查德·巴雷特（Richard Barrett）所说的那样：

企业的业绩，取决于创始人或首席执行官未得到满足的情感需求和自我需求。

培养风范完全改变了我们对领导力和权力的认知观念。我们不应将领导者视为是获得了相当的权力和地位的人，而是应将其视为在履行任何职责的时候都能起领导带头作用的人。我们不应将能力划分等级，而是应该弄明白我们自身具备的真正潜能。领导者的主要领导动机不再是试图控制他人，而是为比他们自身更重要的目标而服务他人。领导力量被视为是一种既存在于我们心中，也存在于我们之间的一种能量，创造了充满活力的能量交换，给企业带来真正的活力。

核心能力 2：真诚沟通与对话

要使企业以目标为导向，真诚沟通是一种重要的机制。麻省理工斯隆管理学院工作和组织研究学副教授凯瑟琳·特科（Catherine Turco）认为，企业必须是沟通型企业。她曾在一家软件公司工作了10个月，记录了公司的日常活动，参加过几百次会议，并访问过很多员工，从而得出了上述的结论。跨等级、跨部门间的自由沟通，能让企业获得最大的成功。

在沟通型企业中，所有雇员都会受到鼓励去谈论重大的商业问题，而不只是他们各自领域中的问题。领导者会跟全体员工分享详细的商务信息，并认为，集体智慧得出的结果比仅靠高管层得出的结果更加有用。通常最好的想法都藏在企业机构中领导者不会想去光顾的角落里。跨越传统的等级结构，领导者可以邀请不同的人参与对话，从而挖掘出企业更内在的潜力。

为了使企业中不同职位等级者真正展开自由的对话交流，特科认识到，将话语权与决策权区分开来有多么重要。现在，企业中的更多人都有了话语权，然而决策权却仍然在管理者手中。这种民主派和独裁派之间的创造性紧张关系，使人们能够在没有太多干扰的情况下，做出明确的决策。领导者仍然是实现共同创造的成果的唯一负责人。若角色定义不明确，人们可能会变得更加"工作懒散怠惰"，而不发挥自己真正的作用，就像在传统的等级分明的企业机构中那样。成功的航空大公司西南航空（Southwest Airlines）的创始人赫伯·凯勒赫（Herb Kelleher）就展现了这种能力的重要方面之一：倾听。

1971 年，凯勒赫推出了 15 美元航班，打破了美国的航空业壁垒。如今，西南航空是美国最成功的航运公司，年运载旅客量 1.2 亿人次。该公司早期的许多竞争者，如泛美航空和环球航空都已经倒闭了，但西南航空公司自成立以来 45 年间一直在盈利。

公司成立的宗旨——通过友好、可靠和低成本的旅行，将人们与他们生活中重要的事物联系起来——仍然是公司的核心宗旨。凯勒赫对待生意和人的方式激励了很多人。竞争对手的无情行为反而塑造了他的个性和态度，西南航空公司成立之初，经受住了各种扼杀它的禁令，最终成了他最重要的事业。他的竞争对手打压他的行为与他母亲教授给他的尊重他人、平等对待他人的观念相悖。

凯勒赫的领导方式最突出的特点是将他的雇员们放在首位，而不是他的客户。他很清楚应该将谁放在首位：作为首席执行官，他对他的雇员们负责，而他的雇员们则对客户负责。西南航空公司的经营方式是照顾好员工，让他们乐意为客户服务。他们的整个系统里都充满着正能量"流"：从高管到普通职员再到客户都是如此。人被真正视为是最有能力的，且也是企业维持长期的竞争优势的持久来源，正如赫伯·凯勒赫曾说过的那样："若企业是由爱而不是恐慌来约束，那它就会更强大。"这话，我完全赞同。

由于有爱的心态是真实的，而不是浮夸的，员工在与客户打交道时，会带着温暖、友好和自尊的态度，这是很多企业难以企及的。赫伯·凯勒赫的领导方式也影响了许多其他领导者。美国航空公司（American Airlines）的首席执行官道格·帕克（Doug Parker）承认，了解赫伯·凯勒赫的领导方式，让他学到了关于领导能力的最重要一课。

"他对参与的每一次对话，都非常投入，他是认真地在倾听。"一次接受商业内幕网采访时，帕克说，"我认识到，这对他的领导方式非常重要，因为他学习并将之运用到自己的工作中，从而让公司变得更好更强。"

虽然许多领导者都认为，领导就是话语滔滔不绝、不断发布指令的人，而倾听却与这种惯常的行为模式不一样，领导者不需要倾听，但倾听却对领导者的成功很重要。专心地倾听身边其他人说的话，倾听他们的问题，领导者就能够确保他们拥有必要的方式去实现目标。

核心能力 3：吸引利益相关者

越来越多的人认识到，领导是系统化的行为：领导者是团队的一部分，团队又是企业机构中不同部门中的一分子，企业则是让一大群利益相关者相互联系起来的关联部分。以目标为导向的领导者要与一大群利益相关者合作——员工、客户、活动家和供应商——来创造社会性的变革。

我是在参加一次活动时认识到这一点的，那时，冰岛集团的首席执行官理查德·沃克在总部位于市区的经纪公司 OneHundred 接受采访。我们以蜿蜒的伦敦天际线为背景，公开讨论了以目标为导向给企业带来的好处和挑战，并接受了 50 个不同企业的变更代理人的提问和评论。

理查德·沃克热情洋溢地介绍了该公司是怎样从所有产品中去除

棕榈油的，还有是怎样致力于减少使用塑料包装，减少食品浪费的。他们计划推出的 Rang-Tan 广告（与绿色和平环保组织合作推出），主要介绍了大猩猩因为人类大肆砍伐热带雨林，以开发棕榈树种植园而陷入生存困境的问题，网上的视频浏览量超过了 6000 万，还有超过 100 万人请愿在电视上播放这支广告。自这个广告问世后，棕榈油行业做出了新的零砍伐重要承诺，显示了企业积极主动承担社会责任能够产生的效果。

在充斥着媒体和商场同行的冷嘲热讽的环境中，冰岛集团拒不使用棕榈油很容易被认为是另一种营销手段。2019 年 5 月 12 日，詹姆斯·弗莱恩在英国《周日电讯报》的一篇文章中宣称，冰岛集团的拒绝使用棕榈油运动"失败"了，因为这并没有使产品的销售量增加。沃克也发文解释，他们的目标不是增加销售量，而是要表达公司对"把事情做好"的坚持。

"这样做没有增加我们的销售量，这对我们一点影响也没有——我是以冰岛集团的股东之一的身份写下这句话的。"

50 多年来，"做正确的事情"一直是该公司秉承的宗旨。理查德·沃克的父亲马尔科姆·沃克，于 1970 年时创建了冰岛集团，那时这家公司只是英国什罗普郡奥斯沃斯特里城里的一家售卖冰冻食品的小店铺，只有一间店面。20 世纪 70 年代马尔科姆访问美国期间，留意到万豪酒店的口号"做正确的事情"，从而认识到该酒店是因为出色的客户服务而扬名在外。自那以后，冰岛集团在 20 世纪 80 年代率先在英国推出了不添加任何人工色素、香料和防腐剂的系列产品，20 世纪 90 年代率先在全球市场禁售转基因成分食品，并采取行动抵制对环境有害的制冷剂。近期，一项调查显示，82% 的冰岛集团客户赞同该公司采取的抵制棕榈油的行动。

接受采访时，理查德·沃克公然提到了既赚取利益，也在世界上创造积极变革的"走钢丝"行为。许多不同利益相关者的需求都处于微妙的平衡之中，作为绿色和平组织的长期支持者，沃克致力于"做正确的事情"，并使环保主义"民众化"，而不是通过增设门店来追求利益增长。他吸引利益相关者（股东、员工和客户）的能力对他的成功领导至关重要，也对提高冰岛集团每周 500 万客户形成环保意识至关重要。

核心能力 4：为整体目标而共同努力

令人信服的企业目标的独特之处在于，它能够让人们专心为"为他人服务"工作。通过鼓舞人心的"为什么要树立这种目标"让人们联系起来，从而使整个集体保持一致，这是目标导向型领导方式的核心。企业有比赚取利益更宽泛的目标，人们就对这重要的目标有了归属感。

拥有如 Activa 酸奶品牌和依云品牌的法国的大型食品公司达能的首席执行官伊曼纽尔·法伯，否决了长期存在的为股东谋取最大利润的传统英式商务思维，而使该公司追求更有意义的目标：向尽可能多的人提供健康食品，以便使从经销商到消费者再到所有店铺拥有者的所有人都从中受益。《经济学人》（2018 年 8 月 9 日）引用了法伯的话："人们愿意放弃已经消费了几十年的品牌"，愿意去自己所在的当地购物，那里的生产厂家规模更小，他们的产品更可能是有机的、植物性的或非转基因的。

达能并不是只说不做的企业，它还转让了那些生产饼干、巧克力和啤酒等不健康产品的子公司。达能旗下的依云品牌致力于低碳环保，而达能则致力于开发再生塑料，外观是灰色的，这种材料制作出来的供人饮用的容器是受人欢迎的。该公司与诺贝尔和平奖得主穆罕默德·尤努斯（Muhammad Yunus）合作，经营着一家大型的非营利性"社会企业"，为孟加拉国的学童提供高质量的酸奶。

巴塔哥尼亚公司的首席执行官罗丝·马卡里奥，是另一位注重利益之外的目标的领导者。2015年奥巴马当政期间，马卡里奥就因为保护环境做出的努力而闻名。她不怕给企业带来不便，主张企业应是社会变革的推动者，并声明了企业为什么很重要，她也为她所说的主张而投资。巴塔哥尼亚的员工们发现，根据美国的新企业税法，他们缴纳的联邦税要少得多。2018年11月28日，首席执行官罗丝·马卡里奥在LinkedIn上发表了一封公开信，信中她写道：

根据去年的不负责任减税法案，巴塔哥尼亚今年的税将减少1000万美元，事实上……我们没有将这笔钱投入我们的生意中，而是回馈给了我们这个世界，我们的家园地球比我们更需要这笔钱。

马卡里奥提到了美国政府当时发表的关于气候变化的报告，警告说，除非做出重大的变革，否则到2050年我们的地球将面临灾难性的变化。她指出，迄今为止，应对气候变化的政策措施"严重不足"，税收是怎样"保护我们社会中最脆弱的群体以及我们的公共用地和其他保障生存所需的资源的"。尽管很多公司会尽其所能地减少缴税，但巴塔哥尼亚处理被减少的税的方式是有目标的，将这笔款项服务于利益相关者。

令人信服的目标会给企业创造一种独特的、深入人心的文化氛围，而这反过来也能给企业创造竞争优势和可持续的盈利能力。企业独特的文化——无论是西南航空的友好和睦还是巴塔哥尼亚的快节奏——是竞争对手无法复制的一个方面。企业的结构、营运方式和想要创造的成就都可以效仿，但注重社会目标的文化却不能效仿。在竞争对手无利可赢的利润微薄的业务方面，西南航空公司45年来每年都在盈利。

归属感

以目标为导向的领导所需的 4 种能力的共同之处在于，它们让领导者满足了人们的一种基本需求：就是对归属感的需求。许多领导者忽视了人类生活这一至关重要的方面，特别是那些以工作任务为中心，而不是以人为本的领导者。注重企业的社会目标能帮领导者解决这一问题，因为这样做，领导者就让工作对人们有意义，并让人们认为他们得到了"合适的职位"。

对归属感的渴求是人类的一种基本需求。虽然我们的职场生活因为科技的发展而得到了改变，但这一基本的需求仍然没有改变。虽然职场上的科技革新改变了我们的工作方式，但却没有改变我们工作的原因。从进化的角度而言，这一点很重要。远古时代，如果人不归于集体，而是独自生存，那么很快就会成为剑齿虎的猎物。

无论数字化革命带来什么样的变化，归属感对我们的幸福仍然至关重要。20 世纪伟大的人文主义哲学家之一亚伯拉罕·马斯洛，1943年将归属感这一需求归入了他提出的众所熟知的需求层次理论模型中（他认为，对归属感的需求应该是仅次于生理需求的第三等级需求）。然而，也有些思想家辩称，归属感是最基本的需求之一，而不是第 2 等级的需求。

获奖的智利经济学家曼弗雷德·马克斯－尼夫（Manfred Max-Neef）提出了一种替代马斯洛模型的方法，按照这种替代方法，人类的需求——包括归属感需求在内——是互补的，而不是等级式的（除了生存这种基本需求之外）。这一理论认为，真正的需求是少量的、有限的、注重本体的（源于为人的条件），而创造出来的欲望是无限的，永远得不到满足的。

因此，目标可以触及人类最深层的行为动机。归属感不是"有则更好"的事物，而是我们幸福的必要条件。正如荷兰裔南非白人作家、农民、政治顾问和哲学家劳伦·范德·博斯特所写的那样：

"卡拉哈里沙漠的布须曼人（非洲南部的民族）谈到了两种'饥饿'，一种为'小饥'，一种为'大饥'。'小饥'指的是想要饱腹的食物，而'大饥'指的是所有人都会面对的最严重的'饥荒'——即对所做之事意义的渴求。一旦你所做的事情对你有了意义，那么你快乐与否就不那么重要了，你会得到满足——觉得你在精神上并不孤单——你就有了归属感。"

培养以目标为导向的领导所需的 4 种能力，领导者们就有了独特的创造归属感的机会，就能让人们专心为了他人的幸福而努力，而这也能反过来促进为了这一目标而努力的人的幸福。目标可以成为这种良性循环的一部分，让所有团队成员都参与到工作中，促进他们努力创造非凡的工作成就。

小结

成为以目标为导向的领导者，能够为整个利益相关者系统创造独特的成果，然而，领导者只有以一种能真正有效实现目标的方式领导，才能实现上述的结果。以目标为导向的领导方式的核心是对幸福、爱和恰当行为的更深层定义：

·幸福。因为当我们展现出自己的风范，全心投入时，我们的关注重点就包括了所有人——甚至还包括了我们的后辈——而不只是我们自己。

·爱。因为我们参与了真诚沟通和创意合作，我们就会相互接触，彼此尊重。

· 恰当行为。我们与更多的人产生了沟通联系，我们想要成为健康的企业组织的一部分，在世界上创造积极的变革。

我们站在爱的立场领导，我们就会以开放的心态包容、接纳一切，就会关心他人的幸福，与他人共享成果。会议室不再是让人心情沮丧的地方，而是让人心情振奋的地方。我们领导企业时如果树立了令人信服的目标，我们就点燃了人们的激情和能量，让我们的地球成为更美好的家园。

怎样让你以更注重目标的方式领导企业

先暂停阅读，思考如下的问题：

1. 找出你的团队中对自己的职责或职位要求最不清楚的人。你会采取什么行为来帮他们增强归属感？你会在什么时候采取行为呢？

2. 找出你所崇拜的以鼓舞人心的方式领导团队的人。选择一种你想要效仿的，他们行之有效的领导方式，接下来的一个月里养成这种行为习惯。你想要对谁试一试这种新的领导方式？

3. 想一想你最近见过的一种糟糕的领导方式。当时你的体验如何？想一想你最近见过的一种不错的领导方式，这种方式给了你什么样的感觉？你能从中学到什么？

4. 回顾本章介绍的以目标为导向的领导方式所需的 4 种能力，你最需要培养的是哪种能力？问一问可靠的同事，你能怎么做来弥补这方面的缺陷。

PART 2

4 种能力：增长的新引擎

第 4 章

培养领导风范

> 通过培养领导风范，听取他人意见时，保持耐心，沉着冷静，我们就能够展开新的对话交流，激活未来的无限可能。
>
> ——奥托·夏莫

在这个瞬息万变，所有的人和事物都相互关联的世界里，新的压力正在诞生。为了应对利益相关者对企业的严重不信任的情况，满足要求更高的客户的期望，领导者必须摒弃过时的经营理论和方式，而要做到这一点，集中注意力是基本要求。注意力更集中，领导者在面对意料之外的挑战和问题时才能集中精力，才能以开放的心态采用新的方式解决问题，并与他人建立相互信任的关系。人跟随的是人，领导者们坚持本心，坚定自己的立场，执着于真正重要的事情的领导者，会带领其他人踏上成为以目标为导向的人的旅程。

坐在一家世界级工程公司的高科技会议室里的是我们5个人。我们以高端的光滑墙面当写字用的白板，房间里还有一张大屏幕，可供幻灯片投影，还可作视频联系不在会议室里的其他相关工作人员。进入房间时，我的一位同事指向了走廊对面新开放的创新实验室——也是我们公司最有价值的部分。

集中注意力

窗外，一张海报上大大的、色彩鲜艳的字母吸引了我的眼球，这张海报被贴在了对面那间办公室的墙上，海报上没有任何标识或网址，内容就是呼吁人们关注当下。

看着这句话，我微微一笑。这让我想起了 25 年前读过的一本书，现在仍然能激起我阅读的兴趣，这本书就是英国作家阿道斯·赫胥黎（Aldous Huxley）出版于 1962 年的《岛》（Island），这部作品反映了他对乌托邦式社会的憧憬，与他的另一部反乌托邦作品《美丽新世界》（Brave New World）的主题正好相反。《岛》这部作品讲述的是一名愤世嫉俗的记者遇到了海难，漂流到了一处名为帕拉（Pala，此名为虚构）的岛屿上，进入了原本属于"禁地"的岛屿。劫后余生醒过来时，他的腿部受了伤，他落脚的地方有只鸟儿大叫"注意！"岛上的居民们都如此致力于关注当下，关注眼前，他们甚至教鸟儿们一边飞一边叫喊"注意"，以便提醒人们集中注意力。

集中注意力

我突然意识到，从这句话想到一本书，多么有讽刺意味。我的思维漂到了过去的时间和地点，我根本没有着眼于眼前，也没有关注跟我坐在一起的人们。这次会议已经延续了 4 个多月，需要我全心关注。

我们之前与这位客户的见面的记忆如潮水般涌上了心头。当首席信息官（CIO）在公开场合对新任命的副手表示了热情的问候，并坚定地表示在背后支持他，这真是个神奇的时刻，这样他就能快速适应新的环境，全心投入，做出最佳的业绩来。

集中注意力

这张海报拉回了我的思绪，让我再次开始关注当前。回忆过往，即便是过去令人开心的事情，也让我无法全心投入当前的情况。我一边听着副首席信息官和人事经理述说他们当时遇到的领导问题，一边思考着，现在应该做什么？

集中注意力

我一发现自己分神（又一次分神！），心神马上就回到了当前。副首席信息官这时正在白板前概述他的"领导力生态系统"。当他理清房间里这些人错综复杂的人际关系网时，我知道我需要全身心地投入来支持这位领导者。为了让企业获得想要的"突破性的一年"，我需要投入我的全部注意力——这位副首席信息官也是一样。

领导风范是一种很难以定义的概念，而且也没有什么相关的文献资料介绍过这一概念。这的确是一种疏忽，因为有风范的领导者，能更好地吸引并激发周围的人们成就非凡。企业机构中，人们很难集中注意力去工作，因为工作环境中有很多出人意料的干扰因素，而且人们也总会去上网查看电子邮件。如冥想、静默这样的正念训练正越来越多地被用于领导能力培训活动中，以改善领导者对观念的接受程度，加强他们的同理心，让他们更冷静。我们的领导风范是一种宝贵的资源，我们可以有意识地调动起来，创造积极正面的结果。

领导集中注意力并不是说要能够进入禅宗修道院、道观或是神社，而是要面对当下的现实，这能让我们减少"注意力转移"——在需要思考下一个问题时继续思考前一个问题。当我们更换工作任务时，我们的全部注意力并不会直接转移——我们可能仍然还会去思考原来的问题。注意力转移已被证实对我们的工作表现有显著的负面影响，除非我们找到有意识地控制它的办法（后文对此有详细介绍）。

在《深度工作》（Deep Work）这本书中，作者卡尔·纽波特（Cal Newport）认为，在我们这个越来越难以集中注意力的数字时代，能够有大量的时间来专注且高质量地完成有意义的工作的知识型员工，将成为"赢家"。不断地查看邮件，急匆匆地从一场会议赶赴另一场会议，不停地浏览社交媒体，这会阻碍我们去进行真正重要的工作。

近代的研究显示，注意力是一种我们可以培养形成的能力。对来自如谷歌（Google）、毕马威税务咨询公司（KPMG）、汇丰银行（HSBC）等企业的 196 位首席执行官、市场总监和其他高管进行的调研和访问显示，只有 39% 的人表示，他们在过去 10 年里认识了 10 多位"注意力集中"的管理者，大部分人都认为，领导者可以通过心理疏导、效仿和训练来增强他们的注意力。

在《从优秀到卓越》（Good to Great）中，作者吉姆·柯林斯指出，最成功的领导者不是那种具有超凡魅力的个性外向者，而是那些"非常谦逊且有强烈的专业意志"的。跟随这些领导者的人经常用这样的语句来形容他们的领导者，如沉稳、谦逊、质朴、优雅、亲切、低调。领导最佳的企业机构的，是那些以自己的本我为基础的人，而不是专注于自我膨胀的人。

忽略我们的内心世界，就是奥托·夏莫所说的领导方式的"盲区"。当我们只关注自己所做的事，而不关注我们领导能力产生的"内心"时，我们就限制了未来发展的可能性。夏莫请汉诺威保险公司（Hanover Insurance）前首席执行官比尔·奥布莱恩（Bill O'Brien）总结他对公司转型变革的最重要观念时，这样说：

> 介入方式的成功取决于介入者的内心状况。

再读一读这个句子，它含义深远。花一点时间，安静思考一下。夏莫将这种反应印证了内心的转变成为"自然流现"。他将"自然流现"和"感知"这两个词联系在一起，反映了一种高端的意识状态，这种状态一旦进化，就会开放我们的心态和意识，让我们接受全新的领导方式。在这个"矛盾的时代"，我们的消费主义和自恋主义文明正在消亡，"新兴的未来"正在诞生。夏莫和卡特琳·考弗（Katrin Kaufer）这样写道：

> 我们改变决定我们行为的内心，那我们就能够认识、感知并实现我们的未来。这种内心的改变，从对抗旧的心态和行为模式，到感知并实现想要的未来，都是当今所有深入人心的领导方式的核心。这种改变需要我们将我们的思维从头脑延伸到心里，这是一种从只关心自己到关心自己所属的集体的意识的转变。

深化领导风范是夏莫 U 型理论模型的核心。该理论模型大概分为 3 个阶段：先要放弃我们认为自己知道的东西，再要勇敢去探索新的未知，最后要"放手"，允许新的思想观念诞生。

对于想要深化风范的领导者而言，这能让他们树立角色楷模，让他们去了解成功人士的经历，去学习该怎样做。记住这一点，再来看本章内容，如下所示：

· 能量交换
· 最重要的价值
· 高级正念

能量交换

你有没有过非常投入于你所做的事而忘了时间的时候？比如读小说，跟同事聊天或者写报告，这些需要我们集中注意力去做的活动，会让我们专注投入而忘了时间。相信你一定有过这种经历。

我们在进行领导工作时展现出自己集中注意力的风范，我们就会很专注，很放松。我们的心中就会有"空间感"（或称心流）。然后，当我们回顾过去的时候，我们认识到，工作的时候，我们是全心投入的，而且我们也展现出了最好的自我。

我们感知到我们的"风范"，那我们就活在了当下，我们所有的注意力都投放在了当前。如果我们在参加会议，我们就只会关注其他的与会者，我们就不会去想我们的邮件，不会去想今天还要做什么事，更不会去想其他无关的事情。我们就会关注会议室里发生的一切，也会关注我们内心世界的变化。

当我们集中注意力去关注自己需要做的事时，我们就无法关注其他人。我们身边的人，甚至是小孩子，都能感觉到我们的这种不专心。我是在某一年 12 月的一天下午认识到这一点的，当时，我正在照顾 9 岁的小侄女奥拉，因为天气太冷，我们一直待在我家里。当我的注意力被手机吸引而没有关注她时，奥拉马上就能发现。这显然提醒了我，在我们不关注彼此时，我们有多么敏感。

想到那些我认识的真正有集中注意力的领导风范的人时，我发现跟他们互动的时候，他们都有这样的特点：他们的眼神很自信，他们说的话很吸引人，而且他们都表现得很轻松淡然。作家、声乐教练、剧院导演帕蒂·罗登博格（Patsy Rodenburg）说，当我们集中注意力时，我们与身边的其他人就会有"能量交换"。我们就会互助，会有"心流"交互。

罗登博格将上述这种状况与两种"不投入"的状况进行了比较。一种状况是，你的能量"沉入了你体内"，你内心里会矛盾、沮丧，把所有的情绪都压在体内。这样，你声音低沉无力，身体僵硬，呼吸短促，甚至可能会让人觉得我们忘记了呼吸。我们内心的活力若发散不出，我们几乎就无法去鼓舞其他人，无论从理论上来看我们树立的目标有多么令人信服。

另一种情况是，我们的能量"爆发"出来，我们大喊大叫，声音尖锐刺耳，眼神傲慢。当我们这样盛气凌人时，人们是不会服我们的，让所有利益相关者通力合作去实现目标就成了一件不可能的事。

相反地，当我们集中注意力，投入工作时，我们不会泄气或沮丧，我们会很放松，并相信一切都在按我们所想的发生。我们不会去控制他人，而是给予他人空间，正如我们也有自己的空间一样。我们感觉体内有更多的智慧在流动，其他人都会被这种散发出来的能量所吸引，并想要靠近我们。当我们处于这种状态时，让所有人都围绕着共同的目标而努力就变得更容易。

我们的两个自我

要让注意力更集中，更投入地工作，我们就需要认识我们的内心世界。1975 年首印的提摩西·加尔韦（Timothy Gallwey）的《身心合一的奇迹力量》（*the Inner Game of Tennis*）已经成了经典之作，因为它为我们探索内心世界提供了重要的工具。加尔韦是网球教练，他发现，打网球最大的阻碍就是自我批评，这会让人无法集中注意力，会让人紧张。想得太多，太过努力，运动员就会紧张难安，就无法安心地比赛，会大骂自己"废物""垃圾"，对自己和他人的态度都很糟。

相反地，加尔韦发现，放松心情，专注于打球的运动员表现会更好。那些集中注意力在自己的呼吸或听球弹跳声的学打网球者，比那些按照传统方法学习挥拍、摆腿或弯曲膝盖的学打网球者表现要更好。他们更关注打网球时自己的"内心活动"，而不只是关注外在的技巧，学打网球的人更容易发挥出自己潜在的本能，比赛时会更轻松。

为了了解这种模式，加尔韦提出，我们的内心里都有两个自我。他划分了我们有条件的自我（他称为自我 1）和自然的自我（他称为自我 2）。我们大部分人都很熟悉自我 1，也称作我们"内心的批评家"，它总是对我们的行为观念做出评判，干扰我们当前的体验。在网球赛场上，如果自我 1 占上风，我们就会咬紧牙关，做出僵硬和笨拙的动作。我们会觉得紧张不安、沮丧，而这也会进一步干扰我们在赛场上的发挥。

自我 1 会使赛事进行，自我 2 会让赛事自然发生。自我 2 是我们本能的、活跃的部分，自然就能够保持警醒，让我们不需要过分思考就能够产生意识，让我们专心而不焦虑。我们可以自由行动，这令人振奋，让人充满活力。下图列出了自我 1 和自我 2 的主要特征。

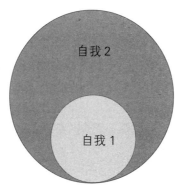

自我 1——有条件的自我　　　　自我 2——真正的自我
批判性的　　　　　　　　　　　当前的、自发的
过度思维　　　　　　　　　　　随时保持警醒
令人紧张　　　　　　　　　　　令人放松的

培养领导风范

培养注意力有两种方式，第一种就是安抚自我 1，第二种是信任自我 2。我们能够抛开自我 1 做出的负面评价，从自我 2 中了解真正的自我，那我们就能够增强我们的领导能力。我们自己胸怀宽广，愿意接受他人，这样才能鼓舞和激励他人。

最重要的价值

培养领导风范有多种好处，其中最主要的是能建立可靠的人际关系。Salesforce 的首席执行官马可·贝尼奥夫（Marc Benioff）将公司的持续成功归功于"价值创造价值"的经营原则。Salesforce 以其出色的工作环境而闻名，它有 4 种主要的价值观——客户成功、创新、公平，还有最重要的是信任。在接受《财富》（Fortune）杂志采访时，贝尼奥夫说："如果信任不是你最重要的价值观，那么你的雇员不会留在你的公司……客户们也不会光顾，投资者也会放弃，领导者也不会留下来，每一天你的损失都会越来越多。"

高层领导者的狂妄自大会给企业造成严重的负面影响。英国国会议员马修·汉考克（Matthew Hancock）和纳蒂姆·扎哈维（Nadhim Zahawi）在他们 2011 年出的书中，以苏格兰皇家银行前首席执行官弗雷德·古德温（Fred Goodwin）为例进行了说明。这位首席执行官曾因他的成本削减计划而获得了"剪刀手弗雷德"的称号——并因向英国纳税人提供 450 亿英镑的救助法案而出名，他一意孤行，他人反对就大发雷霆。他曾在一封名为"劣质饼干"的邮件中，威胁餐饮部员工要对他们采取纪律处分，仅因为餐饮部将粉红色的薄饼送上了高管们的餐桌，而这不是他最喜欢的食物。

增强领导风范可以减少"领导做出不被接受的行为"的风险：可以让领导者不再贬低他人，不再辱骂或羞辱他人。领导者贬低、辱骂或羞辱他人，就会伤害他人和自己，这样做之后，情绪就会低落，就可能会让人产生羞耻感，或者会出现另一种极端状况，固执地认为"我是对的"，结果就会浪费能量和潜力。

关键在于要处理好负面情绪。领导者向他人发火不能吸引团队成员，更无法吸引其他人——或许能让人暂时发泄掉情绪能量，但会破坏集体的氛围。无论领导者设定的社会目标有多么崇高，都不会有人愿意为"耍脾气"或是冷淡毫无生气的领导者工作。

内心里的情绪按钮被按下之后，我们就有了停下来反思并研究我们内心的机会，这样以后就不再需要按钮了。在《你的这种行为是从哪里学来的？》（*Where Did You Learn to Behave Like That?*）一书中，萨拉·希尔博士（Dr Sarah Hill）为领导者和培训者提供了一系列有效的策略去深入挖掘领导者的个人经历，而不是将那些东西都掩藏起来。我们的现在都是由幼时的经历塑造的，如果我们不去深入挖掘，那么我们的过激情绪就会伤害他人。跟心理辅导员、治疗师或可信赖的朋友一起探讨过去的经历，是增加风范的核心。

感知未来的各种可能性

增强风范可以使领导者察觉到过时的思维方式。在跟莫妮卡·朗利（Monica Langley）合著的新书《开拓者》（*Trailblazer*）中，马可·贝尼奥夫提出，虽然他一直都是科技行业的领军人物，但他也已经认识到了，过分花时间去听所有的职员、客户和利益相关者的话是有风险的。他们想要传达的信息很简单：这个世界千变万化，要想应对未来的挑战，企业的社会目标，及其实现方式需要变革。

贝尼奥夫讲述了他在 2018 年 1 月达沃斯论坛的主题小组中经历的一次混乱时刻。在脸书数据泄露、操纵美国大选选票的背景下，人们对科技行业的企业普遍不信任已经成了热门话题。贝尼奥夫评论称，社交媒体就像是烟和糖一样——是一种很容易让人上瘾，且如果不加以控制会对人的健康产生危害的产品。

从达沃斯论坛回家后，贝尼奥夫接到了很多社交媒体领导者的电话，他们都抱怨他那样说是在出卖他们。虽然遭到了不少的蔑视，他还是出了一本商业领导者如何利用技术改变世界来重建信任的书——尤其是因为在商学院里，他从未接受过"利益相关者主义"的教育。他这样写道：

2018年参加达沃斯论坛的那个风雪交加的周末，我终于发现，情况已经不同了。我在那里工作了近20年的Salesforce公司，正将我引向一个新的方向。

风范是一种能让领导者听到未来召唤的能力，没有风范，我们就有可能固守陈旧的思想观念和行为方式。在Salesforce，贝尼奥夫在高管们的办公室里设置了冥想空间，一次接受《纽约时报》（*The New York Times*）采访（发表于2018年6月）时被问及冥想对他的领导方式有何影响，贝尼奥夫说，关键是创造一种"开拓者思想"。

"我试着用心倾听，开拓者思想让我退一步思考，这样我就能创造想要的未来。"贝尼奥夫说，"我知道未来与过去是不同的，我知道我必须活在当下，面对当下。"

当我们着眼于当下时，我们的思想会更加开阔。科威特裔美籍作家、里德万个人成长学院（我现在就是该校的学生之一）创始人A.H.阿尔马斯（A.H.Almaas）说，开阔与空虚是不一样的，空虚这一概念我们很多人可能会与心灵"平静"相混淆。在他的书《正在展现的现在》（*the Unfolding Now*）中，阿尔马斯解释了，风范"不是从我的过去体验形成的精神状态……而是我全心直接地在体验现在，没有任何事物干扰。我就是当下，存在于此时此刻的知觉、意识。"

一些最有影响力的首席执行官、企业高管和名人都认为，专注当下对他们的成功帮助更大。在《每日健康》（*Everyday Health*）的一篇文章中，奥普拉·温弗瑞（Oprah Winfrey）、杰夫·维纳（Jeff Weiner）（LinkedIn 首席执行官）和阿里安娜·赫芬顿（《赫芬顿邮报》和 Thrive Global 公司的联合创始人）都说，冥想能帮他们专注于当下，对他们发挥出最佳状态有一定的帮助。

克服道德困境

在领导力这个方面，行为能产生乘数效应，影响很多人的生活。亨利商学院（Henley Business School）的领导能力学教授彼得·霍金斯（Peter Hawkins）在 2017 年的报告《未来的领导模式和如今的领导力培养的必要变革》中强调，20 世纪的"工业时代"思想已经不足以应对社交媒体、在线追踪和大数据带来的全新挑战。

数字世界正迎来"彻底透明"的时代。苹果公司避税的问题，Sport Direct 的就业条件和脸书的数据收集方法等新闻已经证实了，企业丑闻会怎样产生快速且引人注目的负面影响。霍金斯称，当遇到道德方面的困境和阻碍时，领导者们不妨这样问问自己：

"当我们的企业丑闻被宣扬出去时，我们的客户们和利益相关者们会怎样看待这一事件？"

多花点时间认真考虑这个问题，那么就会减轻灾难性的后果。如果领导者真正听从内心的指导，真正听从利益相关者的话——真正投入当下，好好领导，展现自己的风范——就一定能做出更棒的决策，赢得更大的名声，获得更多人的信任。

英国特许人事发展协会（The Chartered Institute of Personnel Development）进行的一项研究"有目标的领导：它是什么，什么造就了它，它重要吗？"（2017 年 6 月），强调了领导者培养"道德自我"

的重要性。当团队成员对领导者行为的 3 个方面——也就是他们对团队的愿景、对利益相关者们的承诺和他们的"道德自我"（反映个人品质，如正直、公平和善良的行为）进行评价时，他们最关注的是领导者的"道德自我"。如果领导者在成长过程中不注重这个方面，那他们就没有威信。

帮助领导者培养风范，帮领导者关注当前的企业，这会使企业具有竞争优势，这种企业的领导者会培养自己鼓舞他人的能力，有勇气去"做对的事"，并且愿意对自己的决策公开负责。

高级正念

使自我 1 平静

一旦我们发现内心更深层的冲动（即为他人服务或领导以目标为导向的团队的愿望），我们需要所有可能的支持，来应对我们的自我 1。我们内心里这种批判性的声音让我们不敢往前，缩手缩脚的。它也被称为我们内心的批判者或"超我"，学会应对它的警告是领导者面临的主要挑战之一（对我们任何人而言都是如此）。

我们的超我是这样一种意识结构，通过多年来认同我们的成长环境给予我们的批评、责备和评判态度而建立起来的。想象一下，你记住的你的父母、老师和其他权威人物批评你的态度——那就是你的超我。它的职责是让我们维持现状，让我们不犯鲁莽的错误。

对我们来说，成长过程中在内心里培养一种谨慎感很重要——这是我们的生存所必需的。然而，有了谨慎感之后，原来适应的东西，现在就变成了一种障碍，尤其是在我们听到冒险精神的召唤，需要我们发挥生命冲动的本能行事的时候。因此，我们的超我既是我们的老朋友，也是我们的一个强悍的敌人。

超我的运作方式通常是一种攻击。我们的超我是一位严厉的审判者，它控制着我们和我们的梦想。还有些时候，超我会以一种更微妙，但仍然带有批判意味的形式出现，就像有一位控制我们的父母站在我们肩膀上，观察着我们的一举一动。

我们超我苛责的能量也会针对其他人，我们会用严厉批判的眼光看待他人。除非我们有意识地使用这种强制性的内在能量，否则它将掌控局面，让我们陷入困境。作为领导者，除非被点了名要用这种能量，否则它会破坏我们与他人的沟通，因为没有人愿意直面批评。

怎样削弱你"内心的批判者"

要应对超我，有 3 大主要步骤：探索、定义、解脱。

1. 要探索你的超我，就要关注你变得紧张的时刻。内心的评判者掌权的时候，人通常会觉得心情沉重，我们的身体也很紧绷。下次参加会议的时候，留意一下你的身体在什么时候，在什么状况下会紧张（下巴、肚子或胸部有紧张感）？

2. 定义你的超我。留意到这个内心批判的声音，你就去探索它，而不要回避它。如果你内心的批判者在，花一点时间去探索它。读本书时，你可能会发现内心的批判者一直在你心中做评论：

· 我应该做一点有意义的事，而不只是读书

· 真不敢相信，我还有这么多事要做，而现在却在这里翻书

· 我一直只关注这本书，难怪没人注意到我

· 我真是个懒鬼！我一定发挥不出我的潜力

·我现在这个年龄真应该出去多赚点钱

·如果我继续这样下去，那没有谁会给我机会的

你听到的评语是温和地促进改善的，还是负面消极的批评，或是既有益于促进改善，也带着批评意味的？你会用什么来描述这种感觉？你可以用一种动物或其他物品来指代你超我的能量。

3. 让自己摆脱这种超我。你可以用幽默感来淡化这种超我的能量。你可以要求超我退后，不要主宰你。你可以改变你的身体姿势，作为你"站起来"对抗你的超我的方式。试验一下，看哪种方式最适合你。

认识你的超我能让你认识到，你内心里有很多个不同部分在对抗。作家拜伦·布朗（Byron Brown）建议挑战超我，让内心的声音评判时换一个人称，好像是在批评其他人一样。例如，不要说"我真是失败"，而是"你真是失败"。

放大这种评判的声音有助于向你的心灵传递这样一个信息：你内心中的不同部分在相互作用。你内心里评判你的那部分（自我1）并不完全代表你（自我2）。这样做，你内心里的不同部分就在重新组合，以创造一个不同的内心环境，这样，我们可能会感觉我们自己更加心胸开阔，更没有压力，更放松。我们放松了对我们需要发生的事情的控制，而是让事情自然发生。

专注当前：信任自我2

高层的领导者80%的时间都在开会，开会时需要"高级正念"，因为开会对我们注意力的要求会非常多。以下是一些能够在你跟别人

沟通交流时，也能帮你更完全地了解你的自我（自我 2）的方法，它们很多都要用到你的身体和呼吸，我们是具体的人，会占据空间和时间。高效的领导者会身体力行地展现自己着眼于当前的状态，让他们的跟随者认识清楚。

怎样才能更专注

以下是在跟他人会面或沟通谈话之前、之时和之后可以尝试去做的一些事。

会面之前

花一点时间关注你的身体，找一个安静的地方，你可以在那里闭上双眼，舒展你的身体，注意你的感受。特别要注意身体的哪个部分有紧张感，深呼吸，并舒展身体的这一部分，以帮助释放压力。

将你的手机、电脑和其他电子设备都收拾好，放在你看不到的地方，这样你就不会太过关注它们。跟你在一起的人，如果感觉到你没有关注其他事物，他们会更觉得自己重要。

会面之时

跟他人沟通的时候也关注自己的身体。感觉自己的脚踏在地上，背挺直，靠在椅子上。

关注自己的腹部和呼吸。如果可以，轻轻地把手放在腹部，感受这种"腹式呼吸"。当你察觉到自己神游了，再次关注你的呼吸。

当他人说话时，与对方保持眼神交流。这能让你的思绪不乱，这表示对方得到了你的全部关注。不要被其他事物干扰，这样你就能察觉对方的思想和感受。

会面的重要时刻，关注你的感受。如果是在做决策，留意你体内产生的紧张感，尤其关注你内脏的感觉，你的心是提起来了还是沉下去了，或者留意一下做出的决策是否让你更有活力、更开心。如果合适的话，你也可以跟他人分享你的感受。

如果你不能给予他人你的全部注意力，请告知对方。你这样说"我知道你现在想跟我说话，我也对你要说的感兴趣，但我不想在现在还有别的事要做的时候来听"，比注意力不集中的状态要好。先关注你的需要，然后再跟他人交流。

会面之后

会面间隙尽量腾出时间给自己，而不是匆匆忙忙地去赶赴一次又一次的会面。即便只是短暂地休息几分钟，也能帮你清理思绪，减少"注意力残留"。如果可以待在户外或打开窗户，哪怕只是几秒钟，新鲜的空气也能帮你关注自己的状况。

会面结束时，记下你采取的任何行为或做出的关键决策，这样你就不会一直考虑它们了。没有完成的事情会或多或少地分散你的注意力，在开始下一次会面之前，先放空你的思绪，不要去想上一次会面的事情。

在会面时专注于当前自己的状况可能有点难，但产生的结果却是变革性的。我们关注自己，就是在关注真正发生的事情。当我们完全关注自己时，我们就能够接触到真正的自我（自我 2）。我们的注意力集中时，我们就能够发现不集中时发现不了的机遇和风险。

当我们关注自己的内心时，我们可能会找到新的方向。在一种主动接受的状态下，我们可能会想要去跟他人接触、交流，开始一段新的人际关系。这些小小的活动可能会让你接触到新的可能，会让你展现出真实的自我。

训练专注力

领导者专注力必须通过有意识地训练培养。多年来给很多领导者做过疏导，我发现培养专注力最有效的办法就是进行常规练习。

重要的是，要让这种练习活动容易做。最好每天坚持练习几分钟，而不是定下 20 分钟的练习但却总是不到时间就放弃；重要的是，将这种练习常规化，而不要想着达成什么样的目标；重要的是，你坚持在做，而不要关注你做了之后得到的结果。

怎样培养行为习惯

培养专注力，重要的是要进行常规练习。有效的实践练习活动有 4 个关键因素——跟你自己来一场"约会"（DATE）吧！

D= 日常化（Daily）。坚持每天都做一件特定的事。领导者应该这样，醒来后不要首先查看邮件，而是先花几分钟深呼吸，以让自己更坚持目标，开始自己的工作时会更冷静。

A= 负责（Accountable）。找人帮忙让你集中注意力，和他们分享你的计划，让他们"给你施加压力"。领导者可以每周给朋友发电子邮件，告诉他一周内自己有多少天在做深呼吸，数月之后，他可能会发现，即便是参加令人紧张的会议，他也能够安然坐在会场里，专心听。

T= 有目标（Targeted）。调整你的专注力训练，让你在重要的环境下注意力更集中。领导者在开会时集中注意力，离开后不再做笔记，也不总结要点。渐渐地，记住关键点的能力增强了。

E= 接受新的挑战（Edgy）。给自己新的挑战，让自己去接触新的可能。领导者听到一些反馈，说他打断别人说话的方式令人恼火，于是他有意识地控制自己，让别人先把话都说完，然后再表达自己的看法观点，一年后，他的综合全面反馈报告的评分显著提高。

超越正念法

虽然培养专注力的练习有能让人思维清晰，改善人际关系等诸多好处，但也有一些弊端。"快餐正念"（McMindfulness）这个词将正念与不营养的快餐食品联系在一起，指的是冥想练习的应用或"突变"，这些练习主要是从佛教传统衍生到职场的。冥想练习的"去精神化"可能在几个方面存在问题：

·简单地让事情顺其自然地发展，让人形成"不评判""不强求"的态度观念，可能会让员工极端被动。正念训练的确可能会削弱人们在需要表明立场时反对或抵制的能力。

·例如，让护士们在有压力的工作环境中正常工作的正念训练，可能会削弱商业管理者和政客的责任感。由于护士被鼓励"更好地控制"或适应不健康的工作环境，如果大家都这样做，可能会导致让所有人受益的社会化变革不太可能发生。

·如果没有伴随道德培养，世俗的正念训练就有可能失去真正改变个人和社会的能力。更令人担忧的是，更敏锐的心理状态可能会产生更多的负面影响。

虽然上述的这些风险的确存在，但我们也有解决它们的办法。培养专注于现在的能力，只是让领导者以有目标的领导方式领导团队所需的能力之一，领导者还要让交流坦诚，这包括让领导者在必要的时候说话的技巧。鼓励每个人按照企业规划的"为什么"前进，有意识地让大家团结一致，领导者更有可能创造出一种充满活力的、采取正确行为的文化氛围。

上一章介绍的 4 种能力是相互关联、密不可分的。要有目标地进行领导，全心投入现在是首要能力。虽然这看起来有点难，但找到你的自我价值感是很重要的。专注于当下，培养我们的领导风范，我们就能够让自己安定下来，我们知道，我们的存在与外界无关，这一主旨让我们远离了董事会的闹剧、办公室的八卦，也让我们不再那么傲慢。我们更强大的生命力吸引别人靠近我们，不是因为我们有魅力，而是因为我们以自己的体验经历为中心而活着。

我们专注于当下的能力——如此简单，如此基本，却又如此罕见——是当有人加入我们之中时影响力最大的东西。伟大的领导者有这种能力，你也能拥有。每时每刻我们都能有这种能力，培养这种能力既能提高你的生活质量，也能提高你的领导质量。

新的起效方式

回到这一章开始时的那个场景里，我的同事和我合作为首席信息官和他的管理团队主持会议。我们没有直接讨论任何亟待解决的商业问题，而是花了点时间专注于当前。一开始，我们让与会者回答如下的问题：

"你对这件事怎么看？"

我们鼓励他们诚实地说出自己的感受。"无论是积极的、质疑的或是厌烦的，都没关系，重要的是，你要说出你现在的真实感受。"

"我感觉很乱。"轮到他开口的时候，首席信息官说。他这一说，好几个人也都点了点头。我感觉到，他的情绪——还有大家的情绪——都安定了一些。感觉自己没有着眼于当下，是让自己着眼于当下的一种有效方式。

大家都开始谈论当前的问题，就好像黑白的影片变成了色彩斑斓的影片一样。跟他探讨了他当前的感受，首席信息官也开始坦然面对大家了。其他人也开始全心投入了，因为他们的领导者愿意与他们真诚相处。

两天后，该团队已经找到了 6 种新方式来激发出整个团队的更大潜能。当人们都开始专注于当前的事时，那么他们定下的目标也会慢慢实现。

小结

虽然总是在企业中被忽略，也很难以定义，但领导风范是一种很关键的能力。

当我们全心投入当下，努力展现出最好的自己时，我们的风范也就展现出来了。我们放松的状态能让他人也放松下来，带给他们能量，让他们成就非凡。我们感知"恰当"的能力，让我们判断该做出什么行为来。

培养领导者风范的好处包括建立可靠的人际关系，让人不会"言行有过"，通过更透析的洞察力来解决道德方面的问题，并放弃过时的营运方式，为新的方式腾出空间。

要使我们的自我 1（内心的评判者或超我）平息下来，我们需要留意我们感觉紧张的时刻。为了使我们内心的评判者"缴械"，我们需要探索、定义并摆脱内心里评判的声音。

专注于当前拓展了我们对自我 2（真实的自我）的体验。自我的这一自发性、令人轻松愉悦的部分总是存在于我们心中，但通常会由于我们的控制而被阻挡，旁人发现不了。

进行日常的训练来帮我们接触真实的自我，将这当作一次约会——日常的、负责的、有目标的、前卫的——让我们在和与他人沟通时，做出更有意识的决策。

培养领导风范是成为有目标的领导者所需的必要但不充分条件，我们还需要其他的 3 种相关能力。

第5章

沟通赋能

> 通过倾听你认为在做不正确的事情时人们的话，并与他
> 们展开沟通来促进改变。
>
> ——动物学家珍妮·古道尔（Jane Goodall）

要让企业目标为企业的持久成功做贡献，那就需要真诚沟通把企业目标的本质揭示出来。当领导者能够相互沟通——更重要的是能够倾听他人说的话时，就能让你的目标被人接受，让人们认为你的目标是令人信服的。企业的"为什么"就能够指导企业的日常决策，让人们为共同想要实现的未来合作共赢，化解彼此认知和理解方面的差异。要让沟通对话达到这个水准，人们需要畅所欲言，要愿意接受不同的观点，愿意去化解企业因目标驱动化引起的冲突。

让我们看看，企业管理者为了推动他们的业务向前发展，他们需要应对就目标进行的"重要对话"需要克服的挑战。

"玩得开心，希望顺便赚点钱！"

随着设计公司的一位管理者这么说了之后，我看到该公司的另外两位管理者脸上也露出了微笑，这也是他们创业25年来的目标。他们虽然没有正式宣扬过他们公司的目标，但回过头去看，很容易就能看

出，这的确是他们一直坚持的目标。

FST 是一家以战略为导向，解决商务问题，打造未来品牌的设计公司。对他们来说，设计总有一个更高的目标：就是用创意思维和美妙的设计提供有效地解决问题的方案，用以解决客户的问题。该公司的合伙管理人，尤其为那些从一个客户跳到另一个客户，再跳到别的客户的雇员们——他们的"三级跳"员工们感到自豪——因为他们接受了 FST 公司及其"挑战、改变、变得更好"的文化理念。

然而，他们也有过财政困难的时候。虽然收入有过几百万英镑，但获得的利润却一直持平，没有增长。此外，3 位合伙管理者想从全职的管理者岗位上退下来，并将权力交接给他们一直在培养的、渴望接手管理的新的 3 人团队。

"目标的问题很重要，"20 多年前从学校毕业加入该公司的奥托继续说，"让我们走到今天这一步的东西再无法让我们继续前进了。如果我们想在未来 25 年内使公司在全球范围内的业务继续发展，我们就需要重新审视我们的目标。"

听着他们 3 个说话，我既认识到了他们 3 个共同的观点，也了解到他们 3 个不同观点。他们都想要找到能让公司长盛不衰的办法，因此他们都同意了将管理权交给新的管理者。此外，他们还是有很多不同之处的。

奥托热情地谈到了公司目标重新确定的问题，这个问题，是由接受委托来承担重新确定目标的任务的"转变团队"提出的。奥托的问题是，新的目标如何能够真正促进改变，从而在这世间创造积极的变化，让该公司成为新客户主动寻找的代理商。

公司的合伙创始人克雷格说，他跟一名客户谈及他们的新目标声明时，客户的反应平平。他说，在一线员工和企业对企业的环境中，有必要让人们对新目标充满信心——而他认为，在这一点上公司还有很长的路要走。

另一位合伙创始人马克则一直一语不发，我怀疑他是否考虑了目标这个问题。他最终发言的时候，主要说的还是他退休后的生活会怎样，因为他已经为自己的事业耗费了太多时间、精力和热情了。

显然，这3个伙伴有必要就彼此间的不同观念真诚坦率地谈一谈了。问题在于，他们能保持足够的好奇心，让新的见解浮出水面吗？他们是否愿意冒着风险说出他们真正需要说的话，即便这话可能引起他人反感？他们如何"保持"他们不同观点之间的张力，从而产生一种新的表达他们目标的方式？

坐在那里听他们讨论时，我认识到我需要控制好自己，以应对可能出现的情绪不稳定。讨论重要的事情，尤其是关于目标的问题，会让我们彼此间的沟通交流有点火药味。我双脚平放在地上，身体更挺直了一些，再深呼吸一下——以便让自己更专注——准备好跟他们一起探讨。

让企业变成目标驱动型企业需要领导者思考一些重要的问题：我们为什么会在这里？我们在干什么？我们能提供什么，让利益相关者真正参与到为企业目标而努力的工作中来？虽然让企业变成目标驱动型企业并不容易做，但做了就会收获巨大的回报。作为咨询师，我在很多情况下见证过，参与了关于目标的有意义的对话的领导者，怎样改变他们对现在要做的工作的观念和态度。

创造条件探讨关于目标的问题，是很重要的一项技能。很多领导者都希望利用企业以目标为导向带来的好处，但只有他们能够与利益相关者进行有效的对话时，他们才会利用到。如果领导者只会重复做同样的事——重新构建、评估目标，调整工作流程——那么就不会促成什么重要的改变。

让企业变得更注重社会目标，需要在很多方面中断和破坏"一切照旧"的营运模式，会议应该打破典型的一两个高管主导议程的状态。以目标为导向的领导模式，就是让不同的团队成员都为实现目标而努力，并处理这个过程中出现的不可避免的冲突矛盾。

好在创造环境供人们深入交流比许多领导者想象的要更容易。这里有一些创造环境所需的实用步骤和工具，我将简单地做一下介绍，为了让你们对此有大致的了解，我介绍的内容包括如下几个关键的问题：

- 对话开启的新可能
- 转变目标
- 开展真诚对话的 3 种方式

对话开启的新可能

不是每一次言语上的交流都可以称为对话，相互喊叫不是对话，在议会会议上的辩驳不是对话，一次发言之后附上一段简短的问答环节，这也不是对话。两个人各说各的，但不相互倾听也不是对话，正如俗语所说的那样："两段独角戏凑不成一段对话。"

探索对话与其他沟通方式有何不同，是理解对话的一种方法。理解如下图所示的不同类型的言语沟通方式，有助于让领导者及其团队争取真正的对话所需的时间。

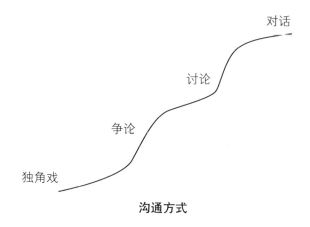

沟通方式

从最简单的沟通方式（独角戏）到技巧最高的沟通方式（对话），沟通方式的4种类型包括：

·**独角戏**：一个人说，其他人听。领导者通过"集会所"向广大听众传递信息是一种有效的沟通方式。然而，问题在于，听众并没有完全专心听。发言人通常是"下载"他们已经知道的信息，其他人根本没有注意听。

·**争论**：一方提出论据证明他们的观点，另一方反驳。人们"明确表明自己的观点"时，争论就很活跃，人们通常会坚定并维护自己的立场。争论的氛围通常会限制人们了解不同的观点。

·**讨论**：人们就不同的选项进行分析，并决定前进方式的一种沟通方式。讨论（discussion）与碰撞（percussion）和震动（concussion）的词根相同，意思是"分开"或"崩溃"。讨论是一种探索是非对错的有效方式，但却极少能得出新颖的思想和观点。

·**对话**：这是一种让人们一起考虑新的可能性的沟通方式。这个词是由希腊语词 dia（意思是穿透）和 logos（意思是词语）组合演变而来。人们减缓速度，谈论他们当前的思维情绪时，新的观点和更深层的思想就会出现。

你也看到，上文的那张图中，讨论和对话之间有一条界线。虽然很多团队都知道怎样开始独角戏、争论或讨论，但要进行对话，通常还需要跨一道门槛。跨不过这道门槛，领导者会继续去做他们之前常做的事。只有领导者用不同的方式思考并沟通，才会产生新的结果。

我们可能会认为，真正的对话需要我们分享自己的每一种想法、判断或感受，但事实并非如此，信口开河不会让我们真正开始对话。下面我将分享过去几年学习真正的真诚沟通所需的因素时学到的。在读这些内容之前，你可能想要分析自己的经历，看看哪些是你认为对的，合理的。想一想，你跟他人探讨难题，你可以自由说出自己的想法，也能认真倾听他人观点的时候。进行这样的交流时，你有什么样的感受？这样的交流之后，你又有什么样的感受？你能从中得到什么经验？

真诚的沟通交流可能并不能让你"感觉良好"，但却让人觉得真实可靠。整个过程中你会觉得思路更加清楚明晰，甚至可能启发你的新思维。然而，要达到这种状态，你可能还会有一点不舒服的感受。

以下是我发现的，能够帮助团队展开真诚沟通对话的重要因素：

·**积极参与**。在场的每个人都参与进来。对一些人来说，这可能是需要直言不讳，而对另一些人来说，这可能意味着要少说多做。重要的是，无论大家付出了多少，每个人都应该保持热情，都应该参与进来。

·**诚实**。人们要说出自己的真实想法和感受。他们是怎么想的，就怎么说，他们可以敏感，可以反驳与自己意见不一致的人。人们都有自己的感知和判断能力。

·**尊重**。人说出自己认为对的观点时，大家都会倾听。即便是有反对的意见出现，但每一种观点也都会被认为是合理的。人们欢迎各种不同的观点，因为最好的办法是需要糅合的。

·**无知**。要愿意以"不知"前路何方的态度坐下来。领导者可能需要引导人们度过难熬的时刻，这样整个团队就不会相互彬彬有礼甚至是相互沉默不语的状态，因为这种难熬的时刻通常也是人们需要进行意识变革的时候。

·**合作创造**。没有人主导沟通。人们都认为，每个人都在为大局而考虑，对话顺其自然地发生。人们"相信这个过程"，并且允许意料之外的情况发生。

跟独角戏、争论和讨论不同，对话为我们开启了新的可能性。通过相互沟通，领导者团队能够就他们的个性，他们的工作目标和理由而达成一致观点。一群有思想且专心投入的人，只要能够一起思考并探讨他们的目标，并合作努力实现该目标，就能够真正改变世界。

转变目标

在对话时加入目标探讨能够帮助改变心态。改变心态需要时间和技巧才能完成，能够让企业进步。正如爱因斯坦的名言所说的那样，我们不能只停留在解决问题的水平上，而要探究问题产生的原因。

开展以目标为中心的对话改变了沟通交流的思维方式。解决"为什么"这一更广泛的问题有助于让不同参与者（可能来自相互竞争的不同部门）从关注个人目标转变为共同关注更高层次的目标。这就阻止了团队"救火"或"喂野兽"（在领导者忙于为董事会准备各种报告的企业中，他们就是这么说的）。他们在对话时注重目标，就会谈到如下的主题：

·**更长期的工作重心**。典型的战略计划是 5 年计划，首席执行官通常只任职约 4 年。而相反地，目标驱动型企业并不只关注短期利益，关注为企业、为社会、为后辈创造价值。

·**更重要的问题。**目标驱动型企业不关注业务量多少和企业规模，而是要求领导者关心怎样让他们的企业为创造可持续性的未来而努力（见第 6 章）。

·**以人为本。**目标驱动型的领导者有必要关注更多的利益相关者，而不只是股东，因此关注人际关系是很重要的。

开展真诚对话的 3 种方式

根据我的经验，领导者可以通过 3 种关键的方式加深关于目标的对话，我将在本章的后文里进行介绍。这 3 种方式是：

1. 创造一个"容器"或"安全空间"让人们一起思考并讨论真正重要的究竟是什么

2. 专心倾听，以便找到一条服务于全局的前进道路

3. 辨识对话的不同"主题"，以避免冲突，并考虑形成关于目标的新观点

创造"容器"

为了让团队成员们真正参与到实现目标的过程中来，创造一个供人们进行不同类型的沟通的"容器"是有帮助的。"容器"（container）是由拉丁语词 con（意思是和）和 tener（意思是约束）组合演变而来。因此，容器这个词的本义就是约束的意思。在"容器"里，我们集中了注意力，投入了能量，我们的思维和心态是开放性的。

然而，通常情况下，许多会议一开始就因为"容器"不足而失败。董事会成员们围绕着会议桌正襟危坐，一两位董事主持成员间的沟通，

中间摆放着幻灯机，播放着一组组 PowerPoint 幻灯片。这样的会议很快就会被斥为是一种"清谈会"，就是人们只在表面上听听彼此的意见，但实际上却并没有做出什么改变。

除非毫无帮助的沟通模式——如人们捍卫自己的立场而反对他人的观点、故作姿态、说谎、做出幼稚的行为——被弃用，否则我们不可能付诸努力实现目标。没有"容器"，我们就无法展开真诚沟通，无法就目标进行深入交流。

人们都在全心专注于当前（正如我们前一章里介绍的那样），就创造了这样的"容器"。在这种"容器"中，人们可以自由地阐述他们还未完全成熟的观点想法，探索新的意义，他们都团结一致。这时，以目标为导向的氛围开始深入人心。这一共享"主题"的升华，允许团队成员们进行有关新观点的沟通交流——例如如何实现一种令人信服的目标。

世界级的思想领袖（我的前同事）比尔·艾萨克斯（Bill Isaacs）普及了"容器"的概念，用以进行富有成效的对话。在他的文章《改变世界的对话》（*Conversations that Change the World*）中，比尔·艾萨克斯描述了他在钢铁厂推动对话时取得的重大突破，当时他们讨论问题时一片喧哗，冲突不断，气氛紧张。

钢铁工人们很熟悉真实的容器。在钢铁厂里，工人们用一口大坩埚来盛装融化的金属和其他化学物质，并输入氧气，以使它们发生可能产生爆炸的、危险的化学反应。比尔从人文上做了一个类比：还需要一种管理环境来管理高管和工会领导者之间充满活力的能量。通过多次定期会议，双方开始为了一系列共同的目标而合作。他们渐渐地创造了一个能够容纳——并改变人类交换意见活动热潮的"容器"。

我自己也曾在石油提炼厂做过推进对话的活动，我见证过重新规划人际关系怎样让企业表现更好。在我的上一本书中，我讲过一个故事，讲的是某公司管理方和工会方之间的一次激烈冲突，但是双方之间的一次人性化沟通成了冲突的重要转折点。他们相互尊重，保持好奇心和积极性，创造了成功的对话。

有了坚硬的"容器"，我们的创意也就更活跃了，这样，团队能够集体调整团队中无法通过单独思考来调整的目标，振奋人心的目标宣言毫不费力地"流行起来"。对话所需的条件很重要，匆忙写下的目标宣言不会打动人心。随着"容器"的质量得以巩固，那么创造有目标的企业文化的可能性也就增加了。

从开场开始

为了制作一个"容器"，有一件切实可行的简单的事情你可以做。会议开始时，先不要急着进入正题，花一点时间去接触共同参与会议的同伴，确保这种接触是一次有意义的信息交换，而不是草率地走个过场，不然你就会把他人推开，而无法拉拢他们。

让在场的所有人以相互尊重、友好和平易近人的态度回应彼此。尽早制定一种让所有人都全心投入的工作模式，更有可能让他们自始至终都充满活力。

怎样制作"容器"

1. 想一想你将要主持的一次重要会议，你将要在会议上讲话，你可以先想一想，用什么问题作为开场，例如：

· 这次会议你能获得的最好成果是什么？

· 什么能让你更加以目标为导向呢？

· 这次会议对哪种利益相关者最有益？为什么？

参加会议时，用纸记录下这些问题。这能在人们紧张难安的时候帮助人们集中精神。

决定用什么问题开场之后，你还需要去了解其他与会者的信息，了解他们的姓名、职位和其他有意义的信息。但首先还是要进行人性化沟通！

2. 你必须要主动先思考怎样开场，想一想，你要怎样尽可能地展现你的真诚。为了帮你集中精神和思想，问问自己如下的问题：

· 我最想要说的是什么？这次对话沟通对我有什么意义？

· 如果我要围绕这个话题说一说其不足之处，那应该说什么，我该怎么说？

· 想一想，若有某些你尊重的人鼓励你勇敢一点，他们会希望你说什么？

这并不是说要完全地按照上面所说的做，而是要让你培养这样的习惯。更专注于当下，感知更敏锐一些，你就能更快地制造"容器"。

3. 尝试用其他的方式促进话题转换，例如：

· 会议进行到一半时，花一小会儿时间反思一下会议的进展，可以说"让我们先停一停，看看我们讨论得如何了"。

· 片刻之后快速地进行一下"轮流辩论"，可以说，"每个人都来发言说一说自己对这次会议议题的看法，这样我们就能了解到会议进展如何了"。

· 结束的时候还可以问一问大家的看法以做总结，可以问："你们还有什么要补充的吗？"

　　总而言之，会议主持者开头和结尾都要干脆利落，要留意一下大家是否都参与到会议探讨中来了。探讨的时候，还要留意一下，有没有人没有说话，在合适的时候，请那个在会议上不太活跃的人分享一下自己的看法。

　　主持会议的领导者在会议开始时，做好上面的准备，可能是你用以改善会议质量最简单也最有效的方式。让每个人都有机会说出自己的想法，都有机会被他人听到。早点帮助那些难以开口的人说出自己的想法，因为只要开了一次口，那以后就会更容易开口。

用心听

　　领导者若想让沟通交流更具有目标感，那另一件很重要的事就是要用心倾听别人讲话。要想坚持目标，领导者必须既对外部环境敏感，也对他们所领导的人敏感，因为这些人比领导者更了解切实的问题。用心听能听到更多新颖的看法，无论是关于企业未来的发展，客户的需求还是市场上破坏性的变化的问题都能知道。

　　以目标为导向的知名企业布朗普顿（Brompton，英国知名的自行车生产商）的首席执行官威尔·巴特勒－亚当斯（Will Butler-Adams）就证明了这种更负责任的领导方式的有效性。根据布朗普顿的记录，2018 年时，由于他们搬到了伦敦的一家新工厂，他们的年销售额增长了 15%，达到了 3300 万英镑。巴特勒－亚当斯认识到，企业中到处都能找到解决问题的方案，他的职责就是让他人有空间去开拓，听他人的想法和意见。他明白，虽然他是老板，但他不能指指点点地安排员工们的工作。他只给了他们方向，鼓励他们向企业之外的其他人寻求新的灵感。

要想成为有效的目标传播者，领导者必须学会倾听。如下面的倾听度指数图是一种很有效的工具，能够通过提高对妨碍倾听习惯的认识来改善倾听。The Right Conversation（正确的对话）创始人迪克·维南（Dik Veenam）向我介绍了这一工具，我就将其放在了本书中。

不仅从概念上，而且从经验上探索下图，我已经得出了一些非凡的成果。在某些团队对话时，我将下图放在了地板上，请领导者们站在最能代表他们在我们沟通对话时的状态的位置上。

−2	−1	0	1	2
为你的下一论点做准备	巩固你自己的立场	听他人恭维以满足自己	听他人的意图	关注全局

背后的心理
◇ 我的观点是最基本的
◇ 劝说他人的时候充满自信，说出的内容也很明智
◇ 这个人说的内容没有什么价值，因为：
· 我早就知道他们会说什么
· 这些信息都是多余的
· 他们说的与我们的问题不相干
· 这对我来说没用

背后的心理
◇ 我的观点可能并不是最好的
◇ 其他人可能提供有价值的信息和观点，来帮助我思考
◇ 用心听他人说话，他人也会用心听我说，促进我与他人相互理解，达成共识
◇ 我真心接受他人所说的话，因为最重要的是要让所有人都觉得有人听自己说话

倾听度指数图（由 The Right Conversation 提供的内容改编）

领导者们站在这张图上，就能很快"认识到"在不同的倾听度上，他们的身体会有不同的感受。在双方相互倾听（1 和 2 这个方向）时比单方控制（−2 和 −1）时，他们的感觉更好。

−2：身体紧绷，弯腰驼背，瞪着双眼，挺起胸腔

-1：身体紧张，双臂交叉，下巴突出

0：身体笔直，没有东倒西歪

1：身体开始放松，下巴放松，双臂伸直

2：身体有轻松感，胸部放松，双肩下垂，背部挺直

当我们形成一种习惯性的行为模式时，比如有意识地听，一种看不见的现象就会显现出来，我们开始识别什么让我们感觉好，什么让我们感觉不好；我们会认识到什么能让我们放松，什么能让我们紧张；我们也开始留意到，如为下一论点做准备，这样的行为习惯对我们自己和他人有什么影响。当我们认识到什么能让我们感觉更好时，我们就更可能朝那个方向前行。

化解冲突以达到入"心流"

很多领导者——企业机构、政界和公众社会的领导者，与他人沟通重要决策时会觉得很难。近代研究显示，避免艰难的对话沟通是阻碍企业效率的头号障碍。畅销书作家、顶尖的 TED 演说家布琳·布朗（Brené Brown）在其最新的作品《敢于领导》（Dare to Lead）中指出，超过一半的领导者认为，"友好、礼貌"的文化规范是导致对话沟通艰难的最主要障碍。

为了鼓励人们进行更健康的对话，领导者如果能够理解对话是如何在一系列对话"领域"中进行的，这将会大有帮助。弄明白这种节奏可以帮助团队在会议的第一个小时就目标展开全面的讨论。这需要时间——也需要有化解冲突的意愿——以让更深层的观念显现出来。

以目标为导向的领导方式的核心，就是愿意为我们的信仰坚定立场，并愿意跟不同的利益相关者沟通。我们需要保持好奇心，需要慷慨，需要在一团糟的时候坚定自己的立场。我们会在需要时稍做休息，

并在必要时再继续去更深入地理解我们的目标究竟是什么。然而，对话并不是平铺直叙地阐述，团队通常需要一些工具来帮助探路，了解对话的 4 种"领域"能帮领导者展开更多更深入的对话。根据奥托·夏莫的作品，对话包括如下 4 大"领域"：

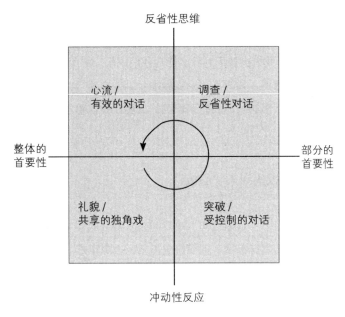

对话的 4 种领域

· **状态 1——礼貌 / 共享的独角戏**。在这一阶段，参与对话者说他们认为他们应该说的话，说的内容是肤浅的，人们通常毫不思索地就做出了回应。交谈的氛围是冷冷的，人们并没有认真听彼此说话，而是各自演各自的独角戏。

· **状态 2——突破 / 受控制的对话**。人们开始说真实的情况，开始表达自己内心真实的想法，不同的观点就凸显出来了，随着冲突即将上演，房间里的气氛更加紧张、热烈。

·**状态 3——调查 / 反省性对话。** 人们听彼此说话，而不加干扰。他们放缓了速度，对他们自己和他人的观点碰撞出的火花感到好奇。即便他们不同意他人的意见，但也尊重他人的意见。这种情况下人们做出的反应是经过反思的，而不是冲动性的。

·**状态 4——心流 / 有效的对话。** 人们开始以创造性的方式相互沟通，一起思考。新的观点产生了，因为集体的智慧起效，人们都是异口同声的。这种情况下的氛围是充满活力的，对某些人而言，甚至是神圣不可侵犯的。

从状态 1 到 2 的改变是一个关键的时刻。当人们表述自己的真实想法和情绪时，即便是会令人难受，但整个集体都不会是"友善且礼貌"的态度，而会变得更加真诚。

很多团队都陷入 1 和 2 两种状态之间的"沟壑"里——礼貌和突破。有人通过说一种难以接受的事实，问一个挑衅性质的问题，或坚持与众不同的观点来打破友好的交流氛围时，如果"容器"不够强大，那么交谈的内容就会重新变得肤浅。当人们都认为谈论的话题难以开启，那么他们就会避免这个话题，直到他们认为可以说的时候才会说。

当我们不再说自己的观点想法，而对他人的意见感到好奇时，我们的对话就从第 2 种状态跳到了第 3 种状态。我们可能会问其他人的想法和感受，我们可能会表达想要更多地了解另一个人的想法；我们会承认，有时候人们会产生糟糕的感受，如果它们被忽略了，不仅不会消失，反而会恶化，这样就要花更多的时间去化解它们。真正保持好奇心，不做评判，这是对话受到干扰时我们最好的应对方式。

进入第 4 种状态——有效的对话——就是真正实现目标的时候。我想起了有一次，我跟一群银行工作人员谈论他们的企业目标时，他们是怎么从彬彬有礼转变到突破，然后再调查询问，最后入"心流"。

我在后文中讲述了这个故事，只是为了证明，上图的 4 种状态模型从理论上而言是有效的，实际的效果应该更好。

我曾在地板上用遮蔽胶带铺设平面空间，并用彩色卡片标注上图的 4 个部分，跟多达 60 多个不同团队的成员们一起玩过这样的游戏，我们站在 4 个不同的部分里，我让他们说一说，在这 4 种状态下，他们会有怎样的感受和想法。

这些丰富的感官资料可以帮助人们面对自己的恐惧，激发他们的能量来进行真诚的对话。人们有机会站在"突破"的领域时，他们通常会注意到，自己感觉充满了活力。这种现象与之前所说的冲突会让人紧张，因此应予以避免的说法相悖。

"我在用我的身体思考。"一位领导者这样说。

问题不在于有些事情很难以讨论出什么结果，而是人们会觉得不能谈论有些事情。通过培养他们的进入 4 种状态的能力，领导者们更可能听到真正的坏消息，接受他人不同的想法，并适应不舒服的感觉。

对于切实探讨目标或其他热门话题的团队而言，他们需要将矛盾冲突转化为更有效的沟通交流。理解了"只有通过才是出路"（要克服困难，不要躲避），意见不统一也不再那么可怕。为了进入"心流"，产生更深刻的认知和见解，团队需要通过争议摩擦，来激发创意思维。

没有真诚对话，企业当前的工作能力只开发出了一小部分。很多人都宁愿保持沉默，也不愿为了融入群体，为了自己的职业前景而表达自己的想法和情绪。由于日渐增加的竞争压力要求利用集体智慧实现目标，培养进行更好的对话能力从未像现在这样紧迫。

怎样化解冲突

回忆你曾体验过的一次艰难的对话沟通过程，可以是跟客户谈判，可以是跟自己的团队成员探讨，也可以是其他的情况；可能是面对面的沟通，也可能是跟另一个人或很多人进行视频会议或电话联系。这个过程中可能有如下的问题：

- 面对他人的批评或消极的反馈
- 团队成员之间未化解的矛盾冲突
- 针对一个已引起争议的问题的探讨

1. 回忆一下其他人说过的话，设想你又回到了那次对话沟通过程中。练习一下积极倾听，就好像你真的在跟那个人说话一样：

- "我听到你说……"或者"你好像是在说……"
- "对我来说，你……是有道理的，因为……"
- "我认为你应该有……的感觉。"

例如，你可能会说："对我来说，你们这个月想要多售出1万多套是有道理的，因为我们的股东最关心的是，我们的季度销售额有增加。"

2. 回想一下，有没有什么可能很重要的话是对方没有说的。你还记得他们的面部表情、说话时的语气和肢体语言吗？你认为这些告诉了你什么呢？如果你找到了一种方式，在交流时用非语言的方式表达一些自己的想法感受，那会产生什么不同的效果呢？

3. 想一想你的团队或你在日常工作中要接触的人群，通过上述的4种状态分析来看你们的沟通交流过程：

- 你们的交流是怎样从"礼貌"转入"突破"的？诱因

是什么？是谁说了什么还是做了什么？

　　·受到打扰之后又发生了什么？如果相互的沟通交流又回到了"礼貌"的层面上，你能做些什么来促成不一样的结局呢？

　　·对交流有帮助的"调查询问"是什么样的？你会说些什么来进行"调查询问"？你怎样才能让他人保持好奇心，加深他们对问题的理解呢？

用调查询问来深化对话

　　要让领导者展开更真诚的对话，我们已经知道，提问是一种很重要的方式。研究显示，低效的团队只注重搜集意见，而不去理解其他人为何会提出意见，而高效的团队则对一切都保持着好奇心。顶尖的团队把握好了"倡议"和"询问"之间的平衡。如下图所示，他们的对话模式线形在下图右上方的象限展开，提出的问题跟给出的意见成正比。

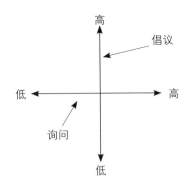

倡议——表达意见、推广、宣布、提议
询问——提问、咨询、调查、探索、学习、倾听、查找

倡议和询问

领导团队想要变得更注重目标，我们需要一起探索几个重要的问题。我引用了英国的一家独立慈善机构"蓝图"进行的一项研究中的如下问题。他们的研究主题是：投资者如何区分一家真正追求社会目标而非盈利的企业，和一家只是说得好的企业呢？

"蓝图"发现，要回答上述的问题，投资者要问首席执行官或其他高管们8个重要问题。他们召集了来自多家资产管理公司的主要投资者进行探讨，这些公司的资产总额超过8万亿美元。

真正追求社会目标的企业的提问清单

1.简单来说，我们的企业在业务上有什么责任，是为谁而存在的？我们的企业责任有什么不同？我们的企业为何而存在？

2.成功是什么意思，我们怎样评测企业是否成功？

3.我们的薪酬政策与持久的成功有什么关系？

4.我们的管理团队对话沟通的质量如何？我们的沟通对话与我们的企业社会目标有什么关系？我们能举例阐述我们的企业目标是如何改变我们的决策的吗？

5.我们的企业对社会有哪些积极和消极的影响作用？我们如何维持我们的"运营许可证"？

6.我们的雇员们感受如何？我们能举例说明我们对特定问题的反应方式吗？

7.要达成企业的社会目标，哪些外部关系是对我们最重要的（如与客户、供应商，还是监管机构的关系）？我们用什么关键性的指标来衡量这些因素的重要程度？

8.作为管理团队，我们怎么知道我们尽到了职责？

用询问来明确企业目标和定位，是企业进行沟通对话的一种强有效的手段。在这方面我的同事罗布有一些精彩故事要讲。

在他富有见地的文章《我们真是这样的吗？冷静思考的力量》一文中，罗布讲述了两个不同的投资团队成员们的真实故事——一个是一家养老基金的故事，另一个是纽约的一家私人股份公司的故事——他们都发现了用询问来明确企业定位和目标的积极影响。

这些故事反映了很多企业中，员工在面对艰难决策和道德问题时通常会出现的状况：

· **避免真正的问题**。公开表达担忧会让很多人感到不安，尤其是在风险性很高的时候。我们告诉自己，宁可保持沉默，也不要冒险改变现状，让自己的事业一团糟。

· **"走廊对话"**。人们在会议室之外才谈论他们的真实感受。除非经过公开的讨论，人们可以自由发言，一起探讨"不可讨论的问题"，否则"房间里的大象"（形容明明存在问题却被人刻意回避）仍然会存在。

· **被迫服从**。即使团队成员有疑虑，但还是决定从众。他们按照标准进行操作，而不回避他们明知道被误导的合作伙伴或高层领导的要求。

提出关于企业定位和目标的问题是避免上述这些状况的有效方式。通过在沟通对话时加入数据资料之外的内容，领导者让同事们可以进行比日常讨论更为丰富的内容交流，因此决定不进行在道德上有问题和有可能损害本企业的投资。

怎样让对话交流上升一个层次

以下是能帮你展开真诚对话需要注意的一些问题：

1.你们惯常的沟通模式是什么样的？你把握好问问题和发表意见之间的平衡了吗？你在进行沟通交流时怎样表现得更有好奇心？例如，你可以说：

· "我现在最感兴趣的是……"

· "要让我弄明白某事物……"

· "我有没有遗漏什么，可能会影响我的理解判断？"

2.哪些问题是在"报表数据之外"或与你们正面对的技术问题无关的？你能问什么问题以便让你的团队成员们能谈论真正重要的问题？你可以尝试提以下的问题：

"这种状况下你们最大的问题是什么？"

"如果我们做出改变会有什么风险？如果不做又有什么风险？"

"我们想要打造一个怎样的企业？我们对 X 的决策怎么反映出这一点？"

3.回顾上文"真正追求社会目标的企业的提问清单"，思考一下你们团队的状况，留意一下你团队最需要注意的是什么问题，探讨这个问题能为你的团队带来什么新的见解？

勇气的来源

回到本章开始时介绍的那个故事，FST 的 3 个合作伙伴就企业的未来发展达成了一致意见。他们探讨了他们的不同观点，而没有忽略，并找出了这些观点的共同之处。通过对话和埃德·罗兰成功领导的"杂烩论谈"，他们明白了，他们曾经想到过但从未真正表达出来的更有效的一个企业目标是可以实现的。

为了让他们的新目标指导日常决策，并让他们的客户们对他们有信心，这 3 个合作伙伴同意应该"坚持下去"，并跟该公司未来的领导者合作。

奥托和我 1 年后见面，他告诉我，为了使 FST 蓬勃发展，围绕目标的"重要对话"是怎样对他们同意进行的"遗留问题处理"起到关键作用的。没有确定新的目标（以使命、愿景和价值观为后盾），这 3 个新的领导者在接受任命完全接管公司事务时也不会得心应手。

他们新老 6 个领导者花了好几个月的时间，才重新明确公司的目标，以便使员工们在继续发展事业时，感觉自己在发挥积极的作用，会让他们努力做出让人意想不到的成绩，而不是重复不断地去做同样的让任何企业都会失败的事。

"我们要学会做事情，不需要戴着领结滔滔不绝地说，"奥托说，"但是就我们的目标——创造一个意料不到的世界——进行持续性的沟通对话，是令人激动、满足的，也是很有团队凝聚力的。我们的目标是我们做所有决策——我们寻找或拒绝客户，或做慈善公益活动等的基础。而且，作为'勇气的来源'，目标让我们一直保持着创建企业时的热忱。"

小结

·对话跟独角戏、争论和讨论都不一样。真诚对话指的是一起思考并讨论最重要的事。

·在对话时谈及目标让团队在心态和思想上做出了几种改变：让人们关注更长期的目标，以及报表之外的更重要的问题。

·创造一个安全且充满活力的"容器"是让人们自由表达自己的看法观点的基本条件。在会议开始时做好准备，让人们能够全心投入。

·包括 4 大状态——礼貌、突破、询问和"入心流"——的对话让我们能够更深入地探索目标。

·要开展真诚对话，我们就需要保持好奇心，要提出能让人们关注目标的问题，如"我们想要打造一个怎样的企业？我们对 × 的决策怎么反映出这一点？"我们要把握提供建议和真正站在无知者角度提出质疑之间的平衡。

·提关于企业定位和社会目标的问题，让人们探讨他们企业的真正目标，并帮助化解道德上的问题和困境。

第6章

吸引利益相关者

> 做领导，不是要成为团队中最明智的人，而是要引导大家团结合作，说服不同的利益相关者加入，激励他人，并让人们表现出最好的自己。
>
> ——彼得·霍金斯教授

企业除了向世界提供产品和服务，还有更多要做的事。企业中有智囊团，有财务，也有行业专家，以及一大群有才干的员工和利益相关者，企业是一个会说话的充满活力的实体。企业拥有的这些都可以为客户提供优质服务，为股东带来可持续的回报，并促进社会福祉。成为目标驱动型企业的核心，就是不要只局限于服务传统意义上的利益相关者，而要服务更广泛的受益者。

接下来，我们来看看，这对一位领导者而言意味着什么。

"多美好的下午啊！"

心理综合信托基金会（一家教育慈善机构）的执行董事詹·摩根（Jen Morgan）如约在那天下午4点给我打电话。听到她愉悦的打招呼的声音，我很开心。

"我坐在这里往外看，"她继续道，"9月的阳光下，伦敦的天际线也是明亮的，我现在很想去林中散步。"

詹已经发邮件跟我商讨就该基金会的战略安排稍作调整的问题。从读到她的电子邮件时起，我就很想要答应她的请求，并做相应的部署，不过现在，我更想去外面逛一逛。

"我想要重新调整我们的企业目标，"詹说，"我们基金会创建的目标是通过提供教育、咨询促进个人的成长发展。50 年来，我们现在已经到了发展的关键步骤。我们的创建目标——关注每个人的心灵——仍然很重要，但我们现在希望拓展我们的工作，并为在高速发展的时代改变人类意识做出更大贡献。"

听到这话，我觉得很激动。

"你为什么觉得调整目标会更有效，会对你们公司有帮助？"

我是真的很好奇这个问题。虽然明确目标对任何企业都是有利的，但我知道为了避免更重要的问题而"假装"树立目标是有害的。企业员工没有归属感吗？企业中有任何长期性的冲突矛盾？员工们的干劲不足吗？所谓的"精神忽视"在企业中和个人身上都是可能存在的。

"你认为重新调整目标能解决什么核心问题？"

"我们的业务模式是独特的，因为我们的项目培训团队的工作老师在我们基金会之外还有工作任务和项目，从一定程度上来说，正因为如此，我们公司更深层次的团结感正在消失。我们需要重新调整我们共同的目标，让这个目标符合我们所宣扬的宗旨——是超越我们个人的自我的——这样我们所有的利益相关者都能围绕这个目标团结合作。我们的目标应该反映我们所关心的问题，以及我们基金会想要创造的积极影响作用。它需要有更多的'感觉'维度。"

"你现在认为，你设定的目标的本质是什么？"

"让人们更好地做自己。"

她说这话时很干脆、肯定。这个目标的确需要更多活力。

"你还希望这个目标有什么作用？"

"我希望它能给我们战略上的指引。有些员工害怕成长发展；有些老师是我们基金会的核心人物，已经工作了很长时间，他们习惯性的行事方式有阻碍基金会进化变革的风险。"

我们都沉默了一会儿。

"我想要改变我们的基金会。我们基金会需要有更大的知名度和发言权。我们创造了一些非凡的成绩——我希望有更多人知道我们。"

詹继续缓缓说着她认为重要的东西。

"我被驱使着去让人类社会和自然界的进化保持一致。我将自己视为公司的'马语者'，调整公司的发展方向。我希望我们能重新明确新的目标，这将真正有益于我们所有的受益者。"

"当然。"我微笑着说。

我从自己家里的窗口向外看，看到了一些鲜橙色的秋叶缓缓地掉落到地上。我也开始认识到，正如詹所说的，我能觉到该信托基金的能量场在运转：人们既满怀兴奋，也心怀恐惧；既有工作热情，也有一些抵触；既关心基金发展，也会感觉受伤。挂断电话，我决定自己出门去散散步。

全球高级猎头公司——光辉国际咨询顾问（Korn Ferry Institute）2016 年发表的一项名为《有使命的人》的调研报告称，虽然他们研究的目标驱动型企业外在的形象很不错，推出的品牌也很有市场活力，顾客们也喜欢购买他们的品牌产品，但真正让这些企业成功的还是他们对员工以及更广泛的利益相关者的责任感。

光辉国际对来自包括 Etsy、汤姆（TOMS，美国知名休闲鞋品牌）、乔巴尼（Chobani，美国希腊酸奶第一品牌）等在内的 20 家不同企业的 30 多位领导者进行了访问，这些公司都有这样的特征：有明确的、真心希望实现的目标，职员们专心，以顾客为中心的文化氛围，有雄厚的财力。他们发现了表现最佳的企业具备的 3 个重要条件：

· 以人为本，人们被鼓励"全身心地"投入工作。

· 高层领导者根据企业的社会目标和价值观做决策。

· 整个企业都在帮忙达成企业的社会目标——如分享成功故事。

光辉国际还发现，由于强大的企业目标比企业本身更为重要，因此具有目标感的领导者会积极招募拉拢其他人。他们像激光聚焦一样专注于服务所有利益相关者，而不只是股东。他们通过与董事们探讨目标如何凭借其独特的团结员工、客户、供应商、股东和投资者的能力，创造持续性的竞争优势，从而获得董事会的支持。

回顾维多利亚·赫斯博士和她的同事对企业目标的研究定义，强力目标的一个关键特征就是它能激励利益相关者团结一致。企业的目标让人没有特别的感觉时，员工和其他利益相关者可能会觉得企业缺少了什么重要的东西。这时，企业的员工们通常会觉得没有归属感，工作提不起精神，没有轻松的心情。这些无形的东西可能并不明显，甚至不完全为人所知，但肯定是能够感觉到的。

要重新调整企业目标，领导者就需要按照这一目标调整他们雇员的内心和思绪。一个鼓舞人心的目标，有这种能力让人们团结一致，但不会仅仅是我们的头脑思考得来的结果。我们不能用我们自己的方式去"考虑"令人信服的目标——我们需要通过感知它，认识它来驾驭和控制它的能量。

为了鼓舞人心，创造积极的改变，以目标为导向的领导者需要整合思维和感受，把握看得见的和看不见的，已知的和未知的之间的平衡。为了通过强大的目标提高员工的工作积极性和绩效，领导者必须全身心地投入到整个企业的能量场中去，也要全面地了解自我（见第 4 章）和他人（见第 5 章）。他们要探测，什么在激活或损耗这些能量场。

这个观念与传统的观念截然不同，传统观念认为，领导者是官僚机构中理性、客观、富于逻辑性的存在。这种观点可追溯至 18 世纪的理性主义者，将企业视为机器。现在人们对企业的思维观念仍然来自于这种观点：我们普遍认为，领导者拉动控制杆，操纵团队行为，职员们则是企业这个"机器"上的"齿轮"。由这种类比，我们可以想到一种更具交互性的、号令和控制的领导方式（见上文）。以目标为导向的领导方式是一种全新的模式，需要领导者采取全新的，以利益相关者为中心的行为方式和决策思维。

本章介绍的内容如下：

· 利益相关者经济
· 目标脱节
· 激活目标感的方式

利益相关者经济

一切照旧的企业运营模式与与众不同的运营模式的最大不同之处，就是服务于股东与服务于更广泛的利益相关者。

利益相关者的定义有很多，我认为最有帮助的是迈克·克莱顿（Mike Clayton）在他的书《影响力议程》（the Influence Agenda）（2014）中做出的如下定义：

利益相关者：任何因你做的事而获得任何利益的个体。

利益相关者可以是个人、团队或另一家企业。"任何个体"鼓励我们"广撒网"，"任何利益"就意味着他们可能因你做的事，因你做事的方式以及做事所得的结果（无论是有意促成的还是无意促成的）而获得利益。另外，还有必要说一下，克莱顿还提供了利益相关者的另一种定义，这个定义所指的范围很广，而且也是言之有理的：利益相关者就是"有能力毁掉你的人"。

"利益相关者"这一概念在过去的 50 年里已经人所共知了，它最初出现在 18 世纪的赌博文化中，指的是下注赌博的人。在美国和英国，自 R. 爱德华·弗里曼（R Edward Freeman）出版了关于商业道德的开创性书作《战略管理：利益相关者导向》（*Strategic Management: A Stakeholder Approach*）之后，"利益相关者"这一概念才广为人知。英国前首相托尼·布莱尔（Tony Blair）在 1996 年 1 月的演说中提出"利益相关者经济"这个概念，进一步推广了这个词，他反对撒切尔夫人提出的"这世上没有社会这种东西"的说法，认为我们都是我们社会中的利益相关者。

目标驱动型企业将所有受到企业活动影响的人视为利益相关者。这与弥尔顿·弗里德曼的自由市场观点相悖，该观点认为，企业的目标是使股东利益最大化，一切都以股东至上。相反地，使企业以目标为中心的运动则认为，企业的目标是为人类和地球利益服务，并从中谋利。

利益相关者包括了公司内外的群体。一些企业的人员构成是这样的：雇员和合作管理者或合作创始人和员工。企业内部的利益相关者可能包括家族企业所属家族的家庭成员，如果他们在企业中任职的话。

企业之外的利益相关者——包括供应商、投资者、竞争者和监管机构——也是利益相关者的一部分。我们还可以将被企业的行为决策所影响的后辈也算作利益相关者。即便他们并没有直接获得公司的成果，但他们现在也在对企业的绩效及其成果进行投资。

企业之外的利益相关者还包括如动物、自然界和更广泛的环境等非人类因素。发起保护地球运动的非政府组织，受到企业产品和服务的消极影响的群体，即便是你现在还没有马上发现，也要将他们包括在其中。正如迈克·克莱顿所写的那样："如果不为了相关的人，项目和改变将会很容易进行。"

在《影响力议程》中，克莱顿讲述了壳牌（Shell）和埃索（Esso）共同所有的布兰特·史帕尔（Brent Spar）石油平台的故事。1994年12月，英国政府批准了将这个137米高的平台弃入深海。负责这次弃用的壳牌公司探索了多种弃用方式，进行了影响评估，并发布了相应的报告。最终，该公司计划将拆卸下来的垃圾扔进大西洋北部海域，用炸药销毁，并获得了监管部门和英国政府的许可。相关的调查分析称这对海洋环境造成的消极影响很小。

1995年2月，"绿色和平"公益组织获悉了壳牌公司的这一计划，发起了一次国际性的抗议活动。随着23位活动家和记者开始抵制壳牌加油站和布兰特·史帕尔矿场产出的石油，壳牌更改了原定的将废弃物丢入大西洋海域的计划，而选用了"绿色和平"及其支持者赞成的陆上废弃处理方式。壳牌估计，最终处理的成本为6000万英镑，但如果再加上商业损失和声誉损失，这一数额还要更多。

几十年的研究发现，在决策商讨期就请大量利益相关者参与进来可以改善企业决策。因为没有这样做，有近一半的企业决策目标没能实现。认知上的差异会影响我们的判断。在信息不明确或有限的时候，我们通常依赖于容易获得的信息，如过去的经历或"河马"——也就是最高薪人士的观点。实际上考虑到各种各样的利益相关者，可以帮我们更好地理解和处理包括目标在内的问题。

确定你的利益相关者

虽然有说服力的企业目标必须由高层领导者提出并推广，但它必须有带动所有利益相关者的能力。团队成员们的积极性被调动起来了，他们就会合作去完成他们独自完成不了的目标。顾客们喜欢某公司的产品或服务，他们就会去购买更多。投资者认为某企业的未来可期，那他们就会给该企业投资。领导者如何在明确、宣扬和实现目标的过程中把"网"撒得更广，将所有的利益相关者都囊括起来，是我们接下来要关注的问题。

怎样吸引利益相关者

1. 再看一看下文所示的利益相关者清单，在"利益相关者"一栏空白处添加任何缺失的利益相关者。花一点时间好好想一想，有些最终会受到你的企业决策影响的利益相关者，你可能并不会马上就想到，问一问你自己：

· 除了我们的顾客，还有谁是我们企业决策的受影响者？

· 我们想要满足的是谁的需求？

· 我们的产品和行为会无意间影响到谁？

2. 明确你的主要利益相关者。写下一些词来描述这些利益相关者带来的挑战和机遇。考虑一下，你的企业的生存是依赖于谁的需求。你们的顾客是否正在以可能影响你们未来销售量的方式，改变他们对产品或服务的期望？员工为你们的企业目标付出了多大程度的努力？投资者是否在开始提出关于利益之外的目标的问题？你们企业内部是否有激进派在组织变革？

利益相关者	利益相关者带来的主要挑战和机遇
职员	
股东	
顾客	
供应商	
投资者 / 资产持有者	
公司所属的社区	
利益集团（指有共同利益的人群）/ 积极分子	
创始人	
董事会	
非常务董事	
员工家属	
政府 / 监管机构 / 立法者	
竞争者	
合作伙伴	
其他影响者 / 媒体	
后辈	

3. 举出 3 种你认为更能吸引利益相关者的行为。例如，与一群关注你们公司的活跃分子进行对话交流，你认为这种行为方式有多大可能成功？也许你会同意以一种让他们满意的方式重新调整你们的企业目标？

吸引利益相关者的行为	成功的可能性
1.	
2.	
3.	

目标脱节

波士顿咨询公司近期进行的调研表明，其中"目标分值高"的公司股东获得的总收益（TSR），10 年来的平均值都高于受调查的所有公司股东的总收益。但是，要达到这一诱人的结果，公司利益更广泛的参与者都必须积极致力于实现目标。

在科技行业——这一行业对我们未来的影响潜力是空前的——波士顿咨询公司称，目标并没有充分发挥其作用。虽然硅谷的标杆企业都有雄心勃勃的目标——"（为了）整理全世界各地的信息，使人人皆可访问"（谷歌），以及"给人们建立联系的力量，让世界更紧密地联系在一起"（脸书）——但在侵犯消费者隐私、反垄断罚款以及对企业文化的担忧等方面，人们对它们的反应越来越强烈，这反映出，人们认为这些公司偏离了目标。

波士顿咨询公司的资料显示了，有坚定不移的目标和坚定不移地实现目标之间存在着显著且令人担忧的脱节，有了坚定不移的目标，不一定意味着能坚定不移地去实现目标。2018 年 6 月，该公司进行了一项调查，调查了美国 15 家顶尖科技企业的员工们和管理层对目标的看法。虽然有 87% 的受访员工表示，他们所属的公司有明确且令人信服的目标，但只有 65% 的人表示，如果盈利机会与他们的目标有冲突，公司会拒绝接受该目标。

这种脱节意味着，实现目标的过程通常是不完善，不明晰的。为了重新设定目标（在科技企业和更广泛的企业机构中），波士顿咨询公司强调，企业目标有两种截然不同的特征：

· **有抱负**。企业的"为什么要这么做"必须有鼓舞员工们为此做出非凡成就的能力。

· **切实**。领导者和员工们做出的决策应与企业的目标相符，激活"为什么要这么做"的是人的行为。

我们需要一种更友好、更理性的目标观。企业的真正目标并不只是为顾客提供优质的产品和服务，而股东回报只是企业存在的重要组成部分之一。

正如其首席执行官马克·贝尼奥夫所说的那样，Salesforce 证明了"利益相关者主义"的成功。Salesforce 成立于 22 年前，现已发展成为一家市值 1310 亿美元的公司，自 2004 年上市以来，为股东们带来了 3500% 的回报。为了创造更平等、更公平和更可持续的经商模式，Salesforce 致力于使股东和利益相关者获得的回报持平。该公司率先采用了"1-1-1"模式，将产品利润的 1%，股值的 1% 和 1% 的员工工作时间用于慈善事业。9000 家公司采用了这种评估所有利益相关者的模型，还有更多公司采用了诸如志愿者主义等方式，包括苹果和贝宝（PayPal，全球最大的在线支付平台）。

从另一方面而言，重要的是企业目标不能被夸大。没有与目标一致的决策和行动支持的野心和抱负，会让公司的产品服务被企图对公司造成损害的其他人滥用。波士顿咨询公司建议，科技公司可以考虑对其产品做某种形式的"白帽黑客"调查，以便更好地了解这些产品如何会被滥用。他们指出，当意料之外的坏结果出现时，科技行业领导者们会说："我们也不知道会发生这种事"，公众领导者和社会评论人士就会对他们这样的反应表示不满。

我们谁也不想自己看起来是不知世事或粗心大意的样子。做出正确的行为，吸引利益相关者是避免这种情况的最佳方法。

了解你的利益相关者

为了促进业绩发展并赢得信任，领导者必须平衡目标的这两个特质——鼓舞人心和"护栏"。这要求领导者在决定利益相关者是谁，以及怎样吸引他们的时候要深思熟虑。有了合适的利益相关者，领导者们可以确定企业的目标，并确保使目标以恰当的方式公开，以恰当的方式去达成。

与利益相关者保持联系是一项策略性的活动，这需要我们有顾全大局的能力和积极参与的心态。画一张利益相关者关系图，探索目标怎样能让不同的群体团结起来，巩固不同群体间的关系，是一种很不错的开始方式。

为了让读者了解后文的活动，这里我们列出心理综合信托基金会的詹·摩根提出的观点。不要担心细节，重要的是弄明白领导者怎么才能快速看清大局，弄明白他们的利益相关者之间的关系，以及他们有多么坚持企业的目标。这里有两份地图——一份是关于现状的，一份是关于期待的未来的——这两者之间的差别能让我们知道，要吸引利益相关者围绕目标而努力应该采取怎样的行为。（见下面两图）

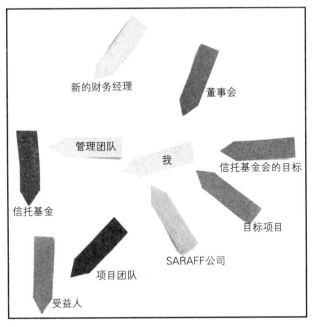

詹的现实地图

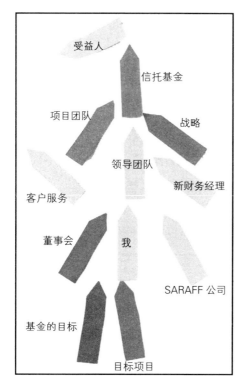

詹的期待未来的地图

这个"书面"绘图活动有几大好处。这使领导者能够以一种创意性的甚至是好玩的方式，理解由不同的利益相关者组成的复杂的生态系统，否则这个系统会令人不堪重负。它能让领导者关注那些有可能被忽略的，可能要离开该系统的利益相关者。这样还能揭示出利益相关者系统中需要变革的"穴点"。画这样的地图能够让领导者更清楚地认识他们所处的环境，而不是混乱纠结，将公事个人化处理。

后面我将介绍更多能够让人进行这种活动的系统化训练和排列的原则。同时，弄明白哪些利益相关者需要鼓励和诱导，也是一种让人更清楚地认识目标的有效方式。

怎样区分你的利益相关者

在进行这一活动之前，先收集一些材料。你将需要：

· 一支笔

· 便利贴（理想情况下，这些贴纸应该是箭头形的，不过椭圆形或长方形的也可以）

· 一大张白纸（白板纸或是 A3 纸就好）

第一部分——现实

1. 在一张便利贴上写下你的名字，然后再找 6 到 8 张便利贴纸，每张贴纸上写一个主要利益相关者的名称（你可能发现，回顾本章的前一个练习活动会对这个活动有帮助）。在每张便利贴上画一个箭头，以示该利益相关者关注的重心方向。

2. 再取一张便利贴写下"目标"，代表你们企业当前的目标，在这张贴纸上也画下一个箭头。

3. 将写有你名字的便利贴贴在白纸上，勾勒地图。你可以将贴纸贴在白纸中央或边缘处。不要想太多，你想贴哪儿就贴哪儿。

4. 在贴上其他贴纸之前，先思考一下，你们公司，你们的利益相关者和你们的企业目标之间的情况。不要假装情况比现状要好，也不要忽略了任何"难以接受的现实"。

5. 将"目标"贴在你认为最合适的地方。然后，将每位利益相关者也贴上来（排序不重要），然后纵览全图，你可能会需要调整这些贴纸的位置。要注意：

· 距离——利益相关者之间的关系越紧密，你的便利贴就要贴得更近。

·方向——利益相关者越团结，就越会往同一方向努力。

第2部分——想要的未来

6. 想一想，这地图告诉了你什么。了解所有利益相关者的感受，留意一下哪些关系被激活了。标记地图中毫无生气的部分。

7. 探索一下，什么将会使这张地图中显现的关系更加牢固。这不是让你把它变得更适合你或其他任何单一的利益相关者。你应该关注什么让你们感觉更好，以便吸引所有利益相关者，你可以进行如下的尝试：

·改变你自己的位置——将你自己放在更靠近某个需要更多支持的利益相关者的位置，或者是你认为更容易辨认所有利益相关者关系的位置。

·增加一位利益相关者——如果某个重要人物或机构缺失，那就选一个新的替补其位置。

·改变距离——如果利益相关者之间的距离过远或过近，就改变他们之间的距离。

·改变方向——让其他没有朝着企业目标努力的利益相关者选择与你们同样的努力方向，以巩固你们为目标而努力的合作关系。

8. 想一想你们的现实与你们想要的未来之间的主要差别。列出一两种能够巩固整个利益相关者关系网的具体行为。你可能决定去游说之前被你忽略了的利益相关者，或是邀请两位利益相冲突的利益相关者探讨他们的不同观点和冲突矛盾，或者通过与多位利益相关者进行对话交流重新设定目标。

激活目标感的方式

感知能量场

以目标为导向的领导者不是机器上的操纵杆，用詹·摩根的话来说，领导者是调节能量场的"马语者"。正如拉卢克斯（Laloux）在《重建企业》（*Reinventing Organisations*）中所说的那样，我们最好是将企业视作"一个能量场，一种有明显的潜能，追求进化的生命体"。

如果我们感知到了企业的生命力，那就更能够感受其能量场了。走进英国的医院，你到处都能够感受到英国国民健康保险制度（NHS）的精神。走进维珍公司色彩缤纷的办公室，你能够感受到这个品牌企业的光彩。走进一家总部位于伦敦圣詹姆斯广场的金融公司的接待区，你能够感受到一种与日常生活节奏完全不同的氛围。

绘制"系统地图"能够帮助领导者感受他们企业的能量场。没有领导者使用这种感知力，那么企业目标就没有号召力。怎样感知能量场是我们都要学习的。你是否留意过在绘制这种地图时利益相关者表现出的态度？你能不能感知到不同的人表现出来的不同的热情度？你能够适应这种氛围吗？关注我们的感受，我们能从中得到大量的信息。

当我们利用我们的躯体感知力，并依赖头脑做出的分析时，我们就能明白发生了什么。我们察觉到某利益相关者的热情，某新的市场很受人欢迎，或某种变革性的目标是令人鼓舞的，我们就根据最佳的资料和信息，激活了企业更好未来的可能性。

我们之间充满了能量。会议刚开始时的冷场是可以感知到的，一次争论之后，办公室里的氛围是"凝重"的，但是，可以用幽默感打破这种肃穆氛围，让我们有轻松感。即便是看不到，难以描述，我们也能够真切地感受到能量场中的变化。

能量场是一个错综复杂的"矩阵"，人们相互"振动"，能量彼此交织。我们都在传输能量出去，也都在接收他人的能量。这种"能量发散与接收"形成了一个不断变化的无形网络，我们每个人都能够感知到，都能够往其中注入能量。从数量上来看，纵横交错混杂的能量场是强大的，因为它将不同的事物都联系到了一起。在企业中，这种复杂的共鸣"网"让整个企业团结一致，没有这个能量场，企业就会一团混乱。

我们都通过能量交换的"渠道"与这个能量场联系。我们之间的距离越近，我们感受到的能量就越强；我们之间的距离越远，相互联系的能量就越弱。我们没有完全与外界断绝联系，不过我们可能会一直认为我们自己孤立无援。我们可能将自己视为独立的个人，认为外部世界的人和物与我们没有什么关系，不过，说到底，我们都是某种单一意识的一部分。事实上，我们是聚合的整体，而不是单独的个体。

领导者越乐于接受我们都是相互联系的这种观念，他们就越能够塑造更美好的未来。领导者以真正服务他人的，令人信服的目标给企业这个能量场充电，他们就是在向能量传输渠道注入积极的能量。我们都认识到我们是更大的能量场的一部分，那我们的企业目标就能够激发出所有利益相关者的热情和能量。

认识 4 种类型的企业目标

当企业真正注重并追求真实的、最令人信服的目标时，它就会成为其员工、客户和其他受益者强有力的能量源泉。自创始至今的 89 年里，乐高积木（Lego）的宗旨一直都是鼓励通过玩乐来激励并培养孩子。"塑料鲸鱼"，致力于用塑料产品创造的经济价值来打造无塑水域，这吸引了世界各地的企业和志愿者来合作。2017 年，"塑料鲸鱼"派出了一支用可回收塑料制作的船队，搭载 6000 人在阿姆斯特丹的河道中打捞塑料制品。他们的目标是明确的，是关注未来发展的。"我们存在是为了解决问题的，"2011 年创建这家荷兰社会企业的创始人马里斯·史密斯（Marius Smit）说，"我们想要走出商界。"

　　然而，在某些企业中，领导者们可能总是局限于过去的思维模式中。一直坚持再也无法激励员工或顾客的企业创始目标，这样做并不好。福特公司的目标是使汽车成为大众化的交通工具，我们很容易就能看出，这个目标需要更新了，因为现在的环境问题要求减少碳排放。

　　企业的创始目标需要尊重，但也需要不断进化，以满足市场的需求变化。要让人致力于企业工作，提高企业的市场表现力，让企业盈利，企业必须真正追求目标，按照目标制定决策。虽然某些企业定下目标的意图是好的，但目标的有些"表现方式"却跟企业的真实目标差得很远，就像我们看到的那些科技企业一样。如果你曾在一家声称要拯救世界，或要致力于提高产品的可持续性，但实际上却只顾赚钱的企业工作过，你就会知道，"走廊谈话"中的冷嘲热讽，会让人怀疑领导者只关注赚钱，怀疑企业的目标声明不过是说说而已。

　　为了使领导者协调目标的这些不同作用，我们推荐一种很容易上手操作的方式。领导者明白了目标的 4 种不同类型（如下文的图表所示），他们就能够更高效地讨论并考虑怎样清晰地表达目标，激发人们对目标的热情，将目标化为企业文化氛围的一部分，从而吸引和激励广泛的利益相关者。

　　目标的这种类别划分能够让领导者发现认识目标。埃德·罗兰

（The Whole Partnership 创始人）将企业目标划分为 4 个等级，并创造了企业目标钻石图（见下图）。我们还曾一起用这幅图表，分析如何在对话交流时体现出目标，以便以能鼓舞利益相关者的方式去阐述企业"为什么要这么做"。

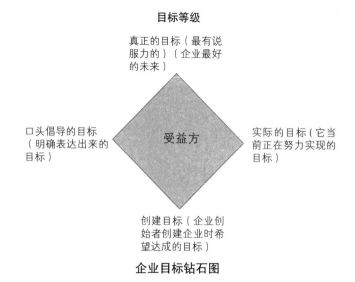

目标等级

真正的目标（最有说服力的）（企业最好的未来）

口头倡导的目标（明确表达出来的目标）

受益方

实际的目标（它当前正在努力实现的目标）

创建目标（企业创始者创建企业时希望达成的目标）

企业目标钻石图

埃德华·罗兰和萨拉·罗岑图勒的目标钻石图（www.wholepartnership.com）由知识共享署名 – 相同方式共享 4.0 国际许可证许可使用。该证件授权书请访问 http://creativecommons.org/licenses/by-sa/4.0/.

企业的创建目标、实际目标、倡导目标和真正的目标通常是不一样的。在本书中，我们介绍了让企业以目标为导向的 3 种主要观点：

·企业的创建目标需要得到尊重，在适当的时候也需要更新。它让人们认识到企业的独特性，这也为企业提供了竞争优势，因为企业创始时，创始者们投入的热情和精力是无法复制的。

·实际的目标与宣扬的目标一致时，领导者的决策和员工的行为就与企业的"为什么要这样做"相符，而这也增强了企业的表现力。

·在对话交流时给受益者介绍企业的 4 种目标，能让企业将目标升华成为真实的、最有说服力的目标。

要让企业变成真正目标驱动型的企业，其目标必须能够激励整个企业。这并不是要用上高雅的语汇来表达，也不是要有多崇高的理想，而是领导者要创造条件，让人们对企业目标产生感情，并通力合作去实现它。目标不是挂在口头上说说而已的，而是一种源自我们体内的，能够指引我们前进的能量。当目标不再能带给我们能量时，那我们就需要进行调整，不然目标就会成为一纸空文。要让利益相关者参与企业目标变革的对话，请参照如下内容来做：

怎样开展以目标为主题的对话

邀请一群利益相关者就如下变革性的问题进行对话，你邀请的人应包括：

公司创始人 / 联合创始人

现在的受益者

即将接手管理的领导者

能够提出不同见解的"重要朋友"

一起探讨如下的问题，先回顾过去，再看看现状，最后展望未来。

过去：创建目标

我们公司的创建目标是什么？

我们公司有哪些独特的实力？

我们在社会上已经满足了哪些需求，还要致力于满足哪些需求（人或物的需求）？

如果我们公司不在了，谁会想念我们公司？

现在：宣扬的目标和实际的目标

我们现在宣扬的目标是什么？

我们企业在多大程度上是按照这个目标行事的？我们现在与这个目标之间有差距吗？

我们的职员、客户和其他利益相关者的决策有多么符合企业目标？企业目标对所有利益相关者的激励和鼓舞作用有多强？

未来：最有说服力的真实目标

你们的企业目标和你的个人目标是一致的吗？

什么样的成功故事能督促你们实现令人信服的目标？

我们的感受告诉了我们公司真正目标的什么特征？

为了实现企业目标，我们接下来要采取什么关键性的步骤？

综合

接下来，思考如下的问题：

·我们了解到了我们企业目标的哪些特征？

·我们的这种对话让我们感觉如何？

·我们认为，我们公司的真正潜能是什么？

> 尽可能坦率、诚实地回答上述的问题。例如，如果你觉得公司宣扬的目标与实际的目标有差距，令你觉得不舒服，那么将这种感受表达出来就很重要。如果你们都热衷于追求你们公司的真实目标，那就最好不过了！

以创建目标为基础

我们急切地渴求目标。在写作《目标的力量》（*the Power of Purpose*）一书时，作者约翰·奥布莱恩和安德鲁·凯夫（Andrew Cave）对不同企业机构的领导者进行了 150 次访问和问卷调查。他们发现，虽然大部分受访者（81%）都认为自己是"以目标为导向"的，但仅有 60% 的受访者认为自己的企业机构是以目标为导向的。因为有这个差距，所以越来越多的领导者需要了解和认识他们企业机构最令人信服的真实目标，并努力去实现这一目标。

《目标的力量》一书明确说过，弄清楚创始人创建公司的热情，能够让我们认识到该公司的独特性。了解这种差别如今仍然是人们探求创建公司的意义和动机的来源，让我们举几个简单的案例来说明一下。

英国博姿眼镜公司的前总经理本·弗莱彻（Ben Fletcher）就介绍了，他们是怎样运用母公司博姿（Boots）集团 19 世纪创建时定下的目标，来指导该公司现在的目标变革。创始者杰西·布特（Jesse Boot）就认为，无论收入如何，人人都应享有医疗保健。

通过重新审核这一创建目标，博姿眼镜公司重新声明了诸如这样的目标"我们致力于充实每一个人的生活"，"我们是一家关注健康的眼镜商，我们注重的不只是你的双眼"。明确了他们的目标及其含义，然后他们就开始问自己："如果我们以这种方式继续下去，我们的企业会变成什么样？"

信托储蓄银行（TSB）的首席执行官保罗·佩斯特（Paul Pester）阐述了他们是怎样看待该银行的历史的，是怎样与客户就改革他们的目标进行沟通对话的。他们探究了为何在2008年金融危机之后，英国民众对银行失望了，以及他们希望从银行那里获得什么。客户们明确表达出来的信息就是希望他们回归他们的初始目标，帮助社区繁荣发展，使勤劳的当地人富足。

了解该银行的传统是明确该银行最新目标的关键。苏格兰一位名为亨利·邓肯（Henry Duncan）的教堂牧师，于1810年创建了信托储蓄银行，是为了帮助最贫困的教区居民。信托储蓄银行的目标是给当地居民设立银行账号，帮他们摆脱贫困。那时，人们开设一个银行账户需要100英镑，这相当于他们一年的收入。这家银行最初是在当地一处教堂的大厅里开始营业的，因此银行的创始者决定，该银行只会帮助自己所属的社区。当时，他们没有投资业务，没有衍生品交易，也没有海外投资。目标决定了企业要做和不要做的事。

虽然企业重新确定目标的时候可以以创建时的目标为基础，但情况并不总是如此，脸书就是这样的案例。（顺便说一下，我有一个脸书账号，不过我手机上并没有脸书APP。）在创建脸书之前，马克·扎克伯格（Mark Zuckerberg）为其前身Facemash编写了软件。于2004年面世的脸书网，在网站上同时列出两位女学生的照片，让访问者评论谁美谁不美。2018年剑桥分析公司破产，我就在想，如果企业确定目标不建立在现实的基础之上，那么创建企业时人们投入的热情就都会白费。

使实际的目标与宣扬的目标一致

获得巨大成功的户外服装和装备零售商巴塔哥尼亚就是一个鼓舞

人心的案例，在这个公司，领导者努力使实际的目标和宣扬的目标保持一致。2012 年，巴塔哥尼亚将企业目标定义为："出产最佳的产品，不制造不必要的危害，利用商业资源来激发和实施解决环境危机的方案"。

这一目标该公司并不只是说说而已，而是努力在按之行事。在参观了位于加利福尼亚州文图拉城的巴塔哥尼亚公司总部（并启动了冲浪课程之后），企业"变革者"发现，该公司最引人注目的是，他们的一切工作似乎都是围绕着这一目标来进行的，该公司致力于按照该目标行事。每个团队成员都对巴塔哥尼亚的产品和该公司致力制造的社会影响力很热情，无论是社交媒体工作人员、实验室工作人员还是人事部门工作人员，职员们都在有意识地为实现这一目标做贡献。

领导者们以切实的方式证明了他们对公司目标的专注——也以切实的方式帮助他们的职员为实现这一目标而努力。巴塔哥尼亚的创始者伊冯·乔纳德（Yvon Chouinard）和他的妻子玛琳娜（Malina）为那些想要开始自己的家庭生活的职员们提供支持，建立了一家高质量的儿童保育中心。这样，该公司绝大部分女性在生育过孩子之后仍然能重返职场，使该公司职员的性别比率平衡。

20 世纪 90 年代，该公司严格审查了自家的供应链，并决定从使用常规棉转变为使用有机棉。企业领导者们不断参观棉花农场，调查化学药物对土壤、空气和地下水的污染情况，决定将减少环境危害放在首位。虽然常规棉制作的衣服为该公司创造了 20% 的收益，销售额约 2000 万美元，但领导者们还是继续以透明的方式向其他员工们公布了更改目标的决定。

2016 年 12 月，巴塔哥尼亚将"黑色星期五"的全部销售额捐给了全球各地的环保机构，这一数额是预期收益的 5 倍。支持基层非营利机构保护我们的空气、水和土壤，符合巴塔哥尼亚公司"实施环境危机解决方案"的宗旨。

企业革命者总结称，巴塔哥尼亚的员工们主动实现目标的积极性跟他们之前调研的公司不一样。企业的组织结构不先进，首席执行官没有魅力，那就无法组建工作投入的工作团队。巴塔哥尼亚的目标是如此鲜明，所有职员都遵从它，公司的市场表现很不错，创造的利益也很可观——这是领导者们实现目标的真正力量所在。

发现最令人信服的真实目标

为了实现促进积极变革的鲜明目标，领导者们需要对周围的世界保持警醒，与他们的利益相关者沟通。他们必须适应他们想要创造的变革，必须明白自己在这世界上的地位。

再来看信托基金的故事，詹·摩根和她的领导团队确定了更令人信服的企业目标，他们花了一年多的时间才确定下来，这个过程包括了4个主要阶段：

第一，他们用企业目标钻石图来认识4种目标，帮助团队弄明白重新明确真正的企业目标的过程。

第二，詹和我用排列图列出了主要的利益相关者，以确保使所有需要的因素都囊括在内，并感知企业的能量场。

第三，技巧娴熟的目标推动者艾玛·阿什鲁·琼斯（Emma Ashru Jones）与詹和信托基金合作，访问了很多利益相关者，并进行了多次座谈，向他们介绍了一些他们可能会感兴趣的新目标。艾玛用这些来让他们认识4种新的目标，并让领导团队合作给出最终的目标声明。

第四，我给他们团队开了一次座谈会，探讨在他们员工、客户和接受过他们项目培训的工作人员看来，哪种目标是最引人注目的。

最终，他们确定的信托基金目标——让破碎的世界变得完整，不仅他们领导的团队觉得新颖、独特、鼓舞人心，他们服务的利益相关者们也有同样的感受。

小结

·企业的利益相关者，就是因企业决策和行为受益的人和团队。利益相关者既包括企业内的人，也包括企业之外的人和团体，既包括自然界，也包括社会环境、后辈和那些可能受到企业决策和行为的消极影响的人和团体。

·吸引利益相关者是一种策略性的活动。为了找到企业所属的市场和在世界上的正确位置，企业的领导者必须有顾全大局的能力，能够识别整个生态系统中的所有利益相关者。

·在探索目标的过程中请主要的利益相关者加入探讨，减少了决策过程中的偏见和歧视，以及名誉损害这些意料之外的结果。让利益相关者加入探讨，能让企业明确自身在世界中的位置。

·标注利益相关者能让领导者察觉他们可能会忽略掉的利益相关者，也能让他们知道为了实现目标需要巩固哪些关系网络，还能够让他们明白自己可能忽略掉的对实现目标很关键的重要利益相关者。

·企业有 4 种不同类型的目标：创建目标、宣扬目标、实际目标和最有说服力的真正目标。让众多利益相关者参与对话交流，探讨这些不同的目标怎样能进化成有说服力的未来目标，并让宣扬目标和实际目标保持一致。

·将企业视作一个能量场，可能能够让领导者更全面地实现目标。通过这种感知能力，领导者和他们的利益相关者们能够对企业的目标产生情感认同，并促进企业去创造最美好的未来。

第7章

多方共赢的意识缔结

> 没有人能够独奏一支交响乐曲，交响乐曲需要整支乐队合作完成。
>
> ——卢考克

在我们这个相互联系紧密的世界里，合作能力正迅速成为企业机构的一种重要能力。在以目标为导向的企业中，所有人都感受到了往同一方向努力的力量，而合作就是其核心所在。只有环境适合，团队成员才会愿意付出更多。为了在他们的系统中创造积极正面的能量氛围，领导者必须让人们有归属感，必须察觉到企业中的不配合因子，让他们的职员们都围绕令人信服的目标而努力。

让我们看看，下面故事中的领导者在实现上述的目标时所面临的挑战。

亲爱的萨拉：

我的一位同事向我推荐了你。我是一家社会福利性公司（CIC）的首席执行官，为35万人提供医疗健康服务，有3000名职员。我们正在与本地的类似机构合并，我们需要加强我们高层领导团队（SLT）的凝聚力和应变能力。我希望你能尽快抽时间来帮帮我，我们什么时候能够就此进行谈论探讨？

祝好，亚当

收到这封邮件的时候，我既觉得兴奋，又有点忧虑。乍一看，当今的领导者面临的挑战往往也充满了机遇，令人不知所措。我猜测，这封邮件里还有什么未写明的要求呢？我真正要做的究竟是什么呢？企业只有令人信服的目标是不够的，人们还必须对其有情感认同。即便是明确了令人信服的目标，像跟其他企业机构合并这样的事情也可能导致非常严重的问题。

"这时我心中很不确定。"几周后我们见面时，亚当说。这时我们坐在一栋旧办公楼内的一间小会议室中。头顶的玻璃中庭亟须清洁，那层玻璃不透明，所以房间里光线昏暗。我猜，这从某种程度上也代表着那位首席执行官的心情。

"这就像一个定时炸弹，"亚当说，"跟其他企业合并给我的主管们造成了诸多问题。我们并不能保证原来的那些职员们仍然能够留在公司任职，所以人们都很担心这个问题。当企业变得艰难时，企业系统中的团队关系就会紧张，人们就会形成不同的派系。"

我发现，他说这话时眉头紧皱，双眼黯淡。

"我们也需要发挥出最佳的潜能。我们提供超过 80 种服务，这些服务产品之间的界限模糊不清。主管们总是打乱彼此的工作，因为他们很难相互信任，而这让工作氛围更加紧张了。我们在跟其他企业合并时就存在这样的问题。"

"那你想要怎样？"

"我想要让我们团队从一群有才能的个人，变成执行能力强、团结合作、表现突出的队伍。我们需要打破相互指责的相处模式，合作解决上述的这些问题。"

"还有别的吗？"

"作为新的首席执行官，我正在努力掌控全局，不过，现在我的头脑很乱！"

我们谈话的时候，我总能听到他的电脑传来的新邮件提示音。我看不到他的电脑，不过我猜，他的电子邮箱邮件也很多。

"我以前用来解决各种问题的技能现在一点也用不上了。"亚当继续道，"这当然也不是谁对谁错的问题——比那种问题要复杂多了。我希望，我们高管团队能就如何才能成为真正为我们的目标努力的团队而达成一致意见。"

一个小时后，我走出办公楼时，我发现我自己也在忙着思考我们讨论过的很多问题。大楼外院子里的一个废弃池塘引起了我的注意，里面的水浅浅的，呈死灰色，水面漂着几片干枯的黄叶，我想，这里一定没有鱼。

团队领导能力培训机构的威廉·塔特博士的"鱼缸理论"浮现在我脑海中。他提出，领导者不要只关注个人（鱼缸里的鱼），而应该更关心他们所属的整个"鱼缸"的质量。如果不从集体的角度出发，那团队成员们就只会彼此责备，从个人的角度看问题，只维护自己的利益。

如果我们"清理鱼缸"，往我们所属的集体中注入全新的能量，那会怎么样？我怎么才能帮助亚当认识他正在尽力领导的这个复杂新集体？他怎么才能率领他的领导团队和越来越多的利益相关者认识CIC的"为什么要这样做"——提供高质量的医护服务，提高患者的幸福程度——以便真正实现这一目标？我走进明媚的阳光中，我觉得这是一次令人激动的冒险。

培养企业的凝聚力

很多首席执行官和高管们都觉得不知所措，他们都想要以一种有益于整个集体和他们自己的方式前进，但他们不知道该怎么做。很多企业中都存在着一些我们熟知的、看似棘手的问题：

· 由于有未解决的问题和新的困难出现，导致团队表现不佳。

· 野心勃勃的领导者开展"争夺战"，而不合作。

· 不能成功适应新角色和新环境的外部招聘来的员工。

· 团队、部门之间的冲突和竞争。

· 由不同企业的文化冲突而导致并购失败。

· 痴迷于掌控管理目标、数据和策略。

· 没有令人信服的企业目标，没有策略指引。

之所以会遇到这些问题，是因为领导者没有采取全局观。英国历届政府都曾致力于使英国国民健康保险制度（NHS）现代化，却造成了数不尽的问题，这一事实就很好地证明了这一点。NHS 改革的问题在于，政府在施行变革时，并没有人关注全局。NHS 的"市场化"，本来是旨在促进医疗系统各部分的合作的，但却产生了意料之外的影响：分散和摧毁了能够改善人们健康状况，提高幸福程度的能量——NHS 本来是旨在促进改善人们健康状况，提高人们的幸福程度的。

NHS 跟很多企业机构一样，也在遭受着"谷仓效应"、士气低落和高离职率的困扰。医院、社区诊所、社区护理、救护勤务、无须预约的诊所和医药中心等机构，并没有相互合作救治病患（尤其是患有多种疾病的患者），而是在被迫相互竞争。每家机构都试图保护自己的预算，努力确保自己的绩效达到下次更新评估时的基准，"整个体系中到处都充斥着有悖法理的保护主义行为"。

为了消除无益的行为习惯，领导者需要清除阻碍系统中正能量传播的障碍。为了做到这一点，领导者需要培养他们的全局观：就是认识并理解集体，并有技巧地进行干预的能力。目标不仅会激发出人们的高水平表现，还会引导人们的日常决策，在领导者致力于提高人们工作环境（鱼缸）的质量时，目标也是使重要的利益相关者凝聚团结的力量。正如维多利亚·赫斯博士和同事们所说的那样：

> 主管部门没有设定明确的目标，没有适当的文化引导和对全集体的监督，实现目标的行动最终是不可持续的。

当领导者培养出这样一种能力，用令人信服的"为什么要这样做"将人们团结起来时，目标就会成为激励行动的指路明灯，并在整个集体中被认为是"正确的"。本章介绍了如下内容：

· 系统意识
· 元素关联的智能优化方案
· 强力磁场效应

系统意识

一种有助于我们认识系统的方法就是孩子房间里挂的风铃，由很多个小风铃组成，一个风铃动了，那其他风铃也会跟着动。如果其中一个小风铃被移走了，那剩余的风铃就必须找到新的平衡点。系统的不同部分一直在改变，一起共舞。

企业系统中保持着微妙的平衡。企业各部门和成员之间纽带联系灵活且牢固，就能促进集体内部充满活力的能量流动；联系纽带脆弱则会阻碍能量流动，而且在重压下这种联系纽带可能会破碎，导致系统崩溃。

全局观就是指了解系统中不断变化的关系网。我们不只是要关心风铃上的小风铃（如人或团队），还应该关注整个系统中的人际关系，以及企业与更宽泛的社会环境的关系。

从下图中我们能够看出，不同的利益相关者是怎样在不断变化、相互关联的关系网中共存的。"风铃"上还可以包括其他群体和个人，如未来的客户，之前的雇员，雇员的家人以及活动家群体，大自然和后辈等。

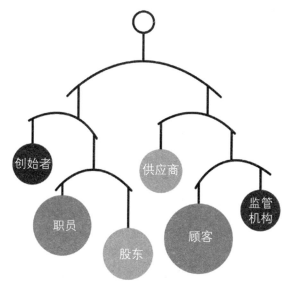

利益相关者的风铃图

企业系统是由各种不同的利益相关者群体组建而成的，是一个活的有机体，系统中每种群体的行为方式与整个系统的行为方式是不同的。表现很好的个人组成的领导团队或执行团队组成集体时，他们不一定是优秀的集体。企业系统有自己的生命力。

随着社交媒体和即时通信技术的崛起，以及全球化意识的不断增强，各企业机构越来越不可能保持孤立。消费者和其他利益相关者越来越有能力在企业及其社会环境之间创造强有力的反馈渠道。企业再也无法自行决定什么时候、以什么方式跟其他机构和个人联系。为了在全球化的市场中谋生，企业必须把自己视为能够与自己相互影响的社会和自然环境的一部分。

元素关联的智能优化方案

近代的研究表明，领导者需要培养自己的能力，了解企业系统中的不同元素是如何相互关联的。谁表现积极主动？谁看起来像局外人？怎样才能使领导者和跟随者都参与到企业决策过程中？领导者越来越需要培养一种企业系统性思维，或称"涟漪智能"，以应对复杂多变的环境。如团队停滞不前，员工流失率高，或者合作关系破裂等这些复杂的问题一直无法解决时，那这就是一个真正去深入挖掘、真正了解实情的大好机会。领导者在做战略分析时能够顾全大局，能够看到整个企业系统，那他们就能去认识、了解并解决系统中的问题，让企业真正实现其目标，优化其市场表现。

像爱德华兹·戴明（W. Edwards Deming）这样的系统性思维思想家，强调了企业在出现问题时，企业系统意识所起的作用的重要性。戴明认为，只有15%的失误是由个人造成的，85%的失误都是由系统的构建方式造成的。个人的表现从很大程度上都受到了系统环境的影响。

我们普遍倾向于忽略更广泛的背景环境，这让我们在很多不同方面都陷入了麻烦之中。作家、人类系统性思维先驱者巴里·奥什里（Barry Oshry）将此称作"环境盲"。认识到我们不只是人，而且是"所属环境中的人"，这样，我们就能减少去哗众取宠或摆架子。我们会找到一些方法，让别人更没有负担、更不压抑或崩溃，而且能够使系统团结一致，实现其目标。

强力磁场效应

全局观，虽然具有变革性，但确实需要人和机构在认知方向上进行深刻的改变。我们倾向于关注具体的细节，而不考虑更广泛的背景环境，克服这种普遍化的倾向是领导者面临的一项关键性挑战。好在，我们现在一些先进的手段，超过了传统的简单的管理方式，领导者用"广角"，去看待他们的企业并创造健康的系统环境时，人们更可能团结一致去实现真正的企业社会目标。

从心理学知识、企业发展和日益增长的系统性思维训练规则中得到启发，我们有了 3 种使企业团结一致的办法。这些办法包括：创造归属感、培育健康企业所需要的柔性文化、清理"鱼缸"。

创造归属感

著名的罗伯斯山洞实验（Robbers Cave Experiment）给领导者们提供了一些深刻的见解，让他们认识到怎样建立成功的（或失败的）人际关系系统。

进行这一实验的心理学家谢里夫（Muzafer Sherif）出生于 1905 年，在土耳其战争和种族冲突的背景下完成了社会心理学学业。他是进了基督教学校的穆斯林教徒，后来成了政治活动家、学者和心理学家。从 1949 至 1954 年间，他和他的妻子卡洛琳（Carolyn）在美国进行了上述实验。

经过精心挑选出的 24 名 10—12 岁的男孩被送到了俄克拉何马州的一处山洞住了 3 周时间。他们被随机分为两组，并进行了一系列竞争性的游戏，以制造双方的冲突。实验起效了：双方发生了冲突，产生了疑虑，敌意倍增。男孩们破坏"敌对组"的财物，用食物作武器进行"垃圾战争"时，许多孩子"自然产生了沮丧情绪"。他们的帐篷被推倒了，旗帜被烧毁了。

看到他们做出的这些行为，我们很容易就会得出"男孩天性好武"的结论。然而，这些实验也证实了，随着时间的推移，孩子们是如何因为对其中一个群体产生归属感，而对"敌对组"充满敌意，从而产生冲突的。竞争游戏的规则设定，给其中一组奖励奖品，如小折刀，而另一组什么也得不到。

谢里夫向我们证明了，即使在所属的社区里是"精英"的孩子，在竞争的环境中也会做出反社会的行为。我们通常不明白自己在等级化社会环境中的位置，以及我们对集体环境的忠诚度，如何在无形中有效地塑造了我们的行为。正如思想家、工程师和作家爱德华兹·戴明所说的那样：

好人敌不过糟糕的环境。

谢里夫对孩子们进行了3次实验，罗伯斯山洞实验是最后一次。这3次实验中，有一种重要的变量。在前两次实验中，不同组的男孩们在被迫进行冲突斗争之前，有相互建立友情关系的机会，这与两组之间的敌对不同，展现了男孩们的一种体育精神。实验人员最终通过模拟袭击来让两组进行对抗。

在前两次实验中，给男孩们设立了"集体"这个共有的、共同的、包容性概念，似乎已经让这些男孩避免了相互间的破坏性竞争，而第3次罗伯斯山洞实验却没有设立这一环节。在罗伯斯山洞实验中，两组孩子的敌意更强一些。如果我们认识到了彼此人性化的一面，并且对更大的集体有了归属感，我们就不会将彼此视为竞争者。

因此，领导者必须顾全大局，让人们以同伴的身份相处，而不只是进行"人力资源"竞争。罗伯斯山洞实验告诉我们，虽然我们可能看起来站在对立面上，但我们并不是生来就对彼此有敌意，会发起攻击的。当领导者创造共同努力的氛围时，人们就会团结一致，为了比自己更重要的东西合作。

怎样创造归属感

以下是两个团队发生冲突时，领导者可以尝试去做的一些事。做这些事的整体目标是减少"消极依存互动"（一方赢，一方输），增加"积极依存互动"（双赢）。

1. 让人们能够相互联系

开始的时候，做一次"登记"。邀请每个人回答如下的问题：

· 跟另一团队合作的哪一方面让你觉得很有动力？

· 跟另一团队合作的哪一方面让你觉得沮丧？

回忆一下回答这些问题时，人们所反映出来的共同点，帮助他们将彼此视为有类似问题和行为动机的同类。

2. 计算不团结的后果代价

在两个团队中调集人，让他们各自组成附属小组，并探讨如下的问题：

· 如果我们不合作，会产生什么样意料之外的后果（如工作量翻倍，未知的客户们的抱怨，没有机会去跟他人分享看法等）？

· 如果不合作，哪 3 种后果是我们最不希望出现的？

·出现了这3种后果，企业付出了什么代价？如果可以，用可计量的方式统计这些代价的成本（如丧失了机遇或名誉）。

每一个附属小组都需要跟大家探讨预估的后果，以及他们对这些后果的看法。作为一个大集体，一起思考一下，你们从中学到的不合作的代价是什么。

探索一下有没有促进合作的"速效方案"，如两个团队同意每周会面一次，分享对当前最需要做的事的看法。

3. 确定共同的工作项目

要求每个附属小组确定意向需要两个团队合作完成的工作项目，例如共同考虑新的企业策略或是政策实施规划。要求所有人参与探讨对话，以找到让大家都能够投入其中参与完成的工作，并探讨采取哪些步骤来实现该项目所要达成的目标。

顾全大局

领导者关注企业机构内部的"失调状况"时，他们能够有效地引导企业发现真正的目标。

仍然用"鱼缸"来打比方，当领导者关注整个"鱼缸"（而不只是其中的"鱼"或个人）时，他们就会认识到，部分的健康取决于整体的健康。关注任何可能"破坏环境"的行为，"鱼缸清理者"（或称领导者）会辨识并移除"毒质"，如不断恶化的怨恨和不正当竞争。他们往"不新鲜的水域"里输入了滋养生命的"氧气"，这可能是指一次真诚的交流对话，促进合作的全新因素，或者集体息工以建立信任。清理"鱼缸"并不容易，不过却是比只关注"打扮鱼身"更可持续的解决方案。

如果"阻碍"未得到解决，那么企业将实现不了最真实的目标，无论这一目标在理论上而言有多么鼓舞人心。在"浑浊的鱼缸"中做令人信服的目标声明是没有用的，"鱼缸"必须得以清理，这样系统中才会充满财力、资源和回报，人心才会稳定。

从系统的角度来看，企业的健康是建立在一系列同步的原则基础之上的，我很快就会介绍到。如果这些原则被忽略了或是用错了地方，那么企业的能量就会停止流动，企业就会丧失竞争优势。虽然这些"症状"是可见的，但是其产生的根本原因，没有经验的人是不能明白的。

好在这些年来，我们对这些隐藏因素的了解加深了，越来越多的"系统排列"练习已经让人们注意到了基本规则的框架。当这些框架能见到且能感知到时，这就揭示出了系统中的"隐藏因素"，激活了被阻碍了的能量，让人们更新观念和想法。

这一思想框架的创始人，是德国的精神治疗医师伯特·海灵格（Bert Hellinger），他经过多年观察和研究包括家庭和企业机构在内的诸多不同系统，而发现了这些系统原则。由于他在欧洲等多地进行的先驱性工作，海灵格的系统排列法也已经被人们熟知，很多人也体验过这种方法。世界上也有很多治疗师将海灵格的理论用于解决很多个人、机构、环境和政治问题，收到了良好的效果。

培育健康企业所需要的柔性文化

对这些无形的、潜在的因素有所了解的领导者拥有快速审视团队或企业机构的"镜头"，他们能确定关键的系统性问题可能存在于何处，然后辨认出"穴位"，在系统内创造积极的变革。之前没有发现的解决问题的方案和资源，现在很容易就能看到，而目标感也就成了动力、快乐和充实的源泉。

一家健康的企业有几种系统维度。顶尖的治疗师约翰·惠廷顿(John Whittington) 做了如下概述：

在健康的系统内，每个做出过贡献的人都会得到认可，人们也会喜欢谈论该系统的历史，以及他们所面对的所有难题，系统中的所有事物都有自己的位置。人们担负的职责是为了有意识地与整个系统的目标相联系而产生的，每个人和每支团队的收入和付出是均衡的。每个人都有安全感，都能够安于其职，并甘愿为系统的利益而行使该职责。

我们去了解、熟悉这个系统，我们就知道什么时候它是不协调的，但我们通常不明白它为什么不协调，也不知道如何重新调整它。学习了这些适用于整个系统的系统原则，那我们就能明白，怎样鼓舞人们为了令人信服的企业目标努力合作。

我们每个人都能通过更深入地认识并协调自己的内心世界，在某种程度上学会使用这些系统原则。它们不是抽象的概念，而是我们能够感知的力量。海灵格和其他企业训导师的工作已经证实，所有人类系统——如家庭、企业机构、团队和政府——都有普遍适用的原则，它们为企业生活创造了无形的能量场。

当人们在自己的体内感受到这些系统原则（而不只是用头脑理解了它们）时，他们就会本能地认为他们是正确的。在系统排列项目中，我多次见证了人们在察觉这些原则的影响力时体验到的发自内心的感受。在企业中，我们通常会出于文明礼貌而压抑自己的情绪和身体感官体验。用这种独特的方式，我们就会密切关注我们的"具身智能"（我们的感官和本能），通过它们了解"鱼缸"的状态。

多种认知方式

为了目标而合作，我们必须用上我们的多种认知能力，而不仅仅是依靠我们的理智。长期以来，心理学家们已经认识到培养 4 种认知能力来成为全面的人有多么重要。这 4 种与目标有关的认知能力包括：

思考——用我们的智慧去弄明白某事物是否适用于我们

情绪——用我们的内心察觉某事物是否"恰当"

感官——用我们的身体感知某事物对我们是否合适

直觉——知道某事是不是我们应该做的

我们的问题在于，我们的学校和社会教育已经将我们的智力作为主要的，有时甚至是唯一的认知方式。其他 3 种认知——情绪、感官和直觉——都是未得到充分利用的资源，不过它们也是集体合作实现目标的关键所在。

调动"认知世界"

系统排列的核心是绘制系统地图。系统可以是一家公司、一个团队或部门。地图上标注的因素可能包括如顾客、供应商和其他利益相关者，以及一些抽象概念，如目标、利益和策略等。

上一章里介绍的图式，包括用道具或带箭头的便利贴来代替系统中的要素。用更传统的排列法，系统的"活地图"上标注了系统中的关键要素，还会请人站在地图的相应部位，作为两种主要"衡量维度"（如第 6 章的图所示）。

· 要素之间的距离有多远或多近？

·他们是面向什么方向的？

站到地图上之后，"代表"们花一点时间适应一下，感知身体内的感觉。他们可能会适应温度的变化，控制住任何想要离开的想法。他们可能发现，自己正在关注某事物或某人，或者他们很想要离开。人们真正站在系统的能量场之中时，就开始用他们的感官、情绪和直觉，来协调他们所认知到的"现象"。

很显然，代表们能够了解到很多他们以前所不知道的关于系统的观念和新信息，调动"认知世界"（海灵格，德国医生、精神分析学家和该理论的创始人）是系统排列法的独特本质。利益相关者可能会因觉得企业的目标有吸引力，转而追求企业的目标，目标的代表者可能会跟策略的代表者保持一致，也可能会有不同的方向。当整个能量场以意料之外的方式活跃起来时，代表们可以说话，也可以保持沉默。

目标的"磁场"

令人兴奋的是，这种绘制地图的方法揭示了关于企业目标的有效观念。在帮忙进行并观察了多次排列之后，我发现，目标是使系统团结起来的一种不可思议的"力量"。就像在铁屑下放置一块磁铁能够把铁屑都吸引过去一样，清楚且引人注目的目标也能吸引人们投入能量。下图就反映了目标是怎样在企业及其利益相关者之中创造"磁场"的。

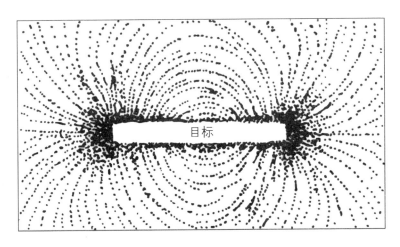

目标的"磁场"

真实的、有说服力的目标是吸引利益相关者往同一方向努力，让企业获得持久成功的"磁石"。

然而，还有一件重要的事需要提醒一下。要让系统团结起来，设定的目标必须是真实的。想一想第 6 章介绍的企业目标钻石图：产生强力"磁场"的是企业最有说服力的真实目标。只有跟企业最令人信服的目标保持一致，宣扬的目标、实际的目标和创始目标才有这种能量。

有别的目标取代了社会目标，比如为了业绩增长而增长，或为追求一种目的而增长时，那么"磁场"就不会如图示那样。大众汽车曾致力于成为世界最大的汽车生产商，但它没有设立真实的社会目标，所以失败了。这种"虚假目标"使某些大众的利益相关者，如未来重视环保的客户，排斥大众品牌。

真实的目标被遗忘或被替代了，那么整个系统就都会对其存疑，这一点在排列时，就会有多种表现形式：员工代表们瞪着窗外，四处走动，找不到他们的位置，或想要离开。领导团队无法安定下来，会四处乱转。当真正的目标被会议目标或赚钱所取代时，就会耗尽系统内部的能量，危及企业的健康及利益相关者的利益。

不到半个小时的时间里，这样的排列能揭示出很多东西——都是很重要，而且能真正改变决策的东西。使用更多分析法的顾问团队，可能需要好几个月的时间才能想到一些见解，但它们往往无法揭示出隐藏在表面之下的深层内容。虽然有一些博士进行过实验，但没有人能真正解释"代表"的工作原理，这可能是"镜像神经元"，是生物学家鲁伯特·谢德雷克（Rupert Sheldrake）描述的"形态基因场"运作的结果，或者是目前科学界没有作出解释的其他量子现象。没有人知道其工作原理，不过这其中的主旨很明确：领导者的主要功能就是为企业树立合适的目标，并敦促整个系统合作努力去实现它。

另 4 种系统原则

在系统排列时，有问题重复出现，就表示系统中某些事物应该被发现、被了解、被解决，如高层的持续性冲突可能是因为一种"硬道理"需要得到认可。企业的创始人缺乏魄力，就会被遗忘或被排除在外，他们在系统中的地位就丧失了。企业之所以没有活力，可能是因为它的某位创始人与企业内部发生冲突而愤然离开，而企业系统却忘不了这位创始人为企业做出的贡献，企业员工也希望能让他们有归属感。

企业功能失调行为，被认为是一种无意识地重新调整系统规则的尝试。缺乏能量流动——领导力、精力或资源——时，这是一种根深蒂固的无意识动力和忠诚在起作用的需要注意的症状。

这些功能失调行为以一种不同寻常但又令人极其熟悉的方式为人

所知，例如"弹射座椅"现象：无论多么有才华，人们总是难以适应某种角色职责。无论我们试图将什么排除到系统之外——是未得到认可的创始人，还是被解雇的团队成员，或是被骗了的客户——他们都会一直保持着一种强大的能量，分散我们的注意力，直到我们重新将其纳入系统中。

系统排列的思想框架，必须包括 4 种相互协调的系统原则，以及一家具有真正目标的企业。用这一框架，能够帮助领导者确定"鱼缸"中的问题。这 4 大原则如下：

1. 承认。面对现实能让企业团结一致。承认而不做评判能让人们从陈旧的行事习惯中解放出来，向系统注入新的能量，并促进人们做积极的事。尤其是需要承认并尊重企业的创始目标，即便是我们也需要对其进行更改进化，以满足市场和社会更新的需求。

2. 时间。人们的工作时长很重要。后来的领导者，尤其是那些经验丰富、学识渊博的人，需要积极地对待前辈，这样他们的领导行为才能得到认可。新的领导者承认，尽管他们的"地位"更高，但他们是新来者，这样能使整个系统安定。尊重时间可以让新人在过去的基础上更稳定、更有创意。

3. 位置。归属感很重要。领导者有责任让所有团队成员都觉得自己很重要。当人或事物缺失时，系统会让其他人或事物承担缺失者的责任，以便"记住"他们。人们要对企业有归属感，并发挥出最好的潜能，就需要好聚好散，并认为自己在"正确"的位置上。

4. 交换。健康的企业中，人们的给予和付出是均衡的。领导者必须以一种让人们信任的方式去公平分配资源，给予奖励。如果团队成员是"索取者"而不是"给予者"，那就会引起抱怨。索求太多的人可能觉得自己有这个权利索求，做出任性的行为。给予太多的人则会觉得疲累、憎恶，会认为自己必须离开。交换的不只是钱，而是其他类型的"资本",如公众认可度，积极的反馈和成长发展的机会等。

以下列出了一份清单，你可以用它来快速"扫描"你们企业，以揭示意想不到的见解，并识别需要改变的"穴位"。

如何实施"系统扫描"

探讨如下的问题，以确定为了激发出人们的能量，你需要干涉你们企业的哪些部分。

1. 目标：明确真实的目标能使利益相关者团结一致去努力。

·企业的创始目标被遗忘或替代了吗？

·企业的目标是怎样随着时间流逝而进化的？现在企业追求的目标是真实可靠的吗？

·利益相关者在目标方面存在着什么紧张关系？

2. 承认：要改变，首先要承认自己的不足。

·人们在哪些方面觉得陷入困境或保持沉默？这能告诉你什么？

·人们试图隐藏哪些秘密？

·什么样的"硬道理"还没有得到大家的认可和接受？

3. 时间：系统中先出现的人和事物自然居于后来者之上。

·工作时长已经变成阻碍物了吗？老员工被视为是有问题的了吗？

·企业的创始者被人们铭记且尊重吗？有没有谁被遗忘了？

·新的领导者到任时，他们尊重老员工和以前的规则吗？

4. 位置：每个人在系统中都享有独特的权益和尊重。

· 团队成员讲述了哪些自己经历或见过的不公正或被排斥的故事？

· 谁在企业中最不受人支持？

· 人们在融入集体或离职的时候是否遇到过麻烦？

5. 交换：相互的给予和接受创造了一个健康的系统。

· 在团队成员们看来，资源分配和奖励给予有多么公平？

· 给予和接受之间的不平衡是否造成了什么问题？

· 遵照企业目标行事的员工们得到认可和奖励了吗？

清理"鱼缸"

已经了解了你们企业的改革"穴点"，我们现在来探讨一下怎样"清理鱼缸"。无论是邀请很多利益相关者会面商谈，还是集体息工，每一种干预方式都是旨在让整个系统中充满积极的能量。

在她的 TED 书《不可估量》（*Beyond Measure*）中，企业家、首席执行官玛格丽特·赫弗南（Margaret Heffernan）将企业文化视作了我们没有掌握配方的"秘方"。领导者无法像推广新的 IT 系统一样推广稳健的文化氛围。文化——或称"我们这里的行事方式"——既难懂也难以衡量或控制。

然而，文化是一种不合逻辑的系统，它对微小的调整很敏感。尽管领导者往往会做出影响不可预测的彻底改变，但细小的改变也能取得巨大的成功。

例如，某管弦乐队在招聘试镜过程中做了一点点微小的改变，结果就增加了乐队中女性成员的比例。20 世纪 70 年代，美国的 5 支最知名管弦乐队中，女性成员占比不足 5%，而到了 1997 年时，这一比例上升至 25%。之所以发生了这样的改变，是因为 20 世纪 70 至 80

年代时，管弦乐队招聘开始使用"盲选"。应聘者遮蔽在幕布后为评审团演奏，评审团看不见他们。即便是这幕布只在第一轮试演时使用，这种干预方式也会让乐队更具兼容性，因为这样，女性进入决赛的可能性提高了50%。

领导者在系统原则的指引下进行小的干预时，化解不正常的机制比我们想象的要容易得多。拥有前3种领导能力时，领导者采取的干预措施效果最好。领导者专注于当前，展现自己的领导风范，为真诚的对话创造"容器"，并真心与利益相关者建立关系，更容易使他们的整个系统团结一致。

如下的干预方式是刺激你自己思维的"启动十连问"，这种方式包括"时间"的维度，因为企业的目标也分过去、现在和未来的。关于根据位置原则创建团结团队的干预方法的其他示例，请参阅第154页。

怎样在你的系统之中运用时间原则

要想知道你们企业的目标有多么清楚真实，邀请一大群利益相关者来集会，尤其应该包括如下人士：

- 创始者（如果他们还在世的话）
- 在你们企业有很多工作记忆的老员工
- 你们企业刚刚聘用的新员工

召集他们一起分享他们关于目标的"新鲜观念"。

邀请一群职员，画一个钟面，请他们站在不同的位置上，代表他们在公司任职的时间，邀请的人包括：

- 创始者（或在公司任职最长的人）站在12点的位置上
- 新来者站在11点的位置上

·其他人则找到能代表他们就职时间长短的合适位置

在这种情况下，要求每个人回答如下的问题：

·什么吸引你入职这家企业？

·什么让你在这里任职了这么多年？

·接下来的 3 到 5 年里，你个人需要怎样努力才能做到最好？

每个人回答完后，让大家自由交谈。你可能发现，可以用上文的企业目标钻石图来做如下的事：

·即便是后来改变了，也承认企业的创始目标

·探讨宣扬的目标是否是真正的目标

·确认宣扬的目标和正追求的目标之间是否有差距

·受益者是怎样响应目标以及对他们有益的内容的？

最后，一起思考你们学到的经验。收集关于阻碍人们按照真实、最有效的目标行事的任何障碍的观点，辨识人们可以用来加强与企业目标联系的任何资源，以及人们为实现企业目标而采取的任何行动。

回到本章开始时的故事，通过首席执行官和其他高管团队成员们的沟通，显然他们都认识到，他们的"鱼缸"需要清理。

第一次训导课上，我们绘制了一幅钟面，让人们站在代表他们就职时间的"位置"上。副首席执行官和企业重组总监，8 年前该公司成立之初就入职了，他们的付出得到了职员们的承认，因为有他们在，整个团队感到更安心了。而这位新首席执行官刚刚就职一年，他这时才认识到，别人在该公司就职时间长，有了关于该公司的很多记

忆，而他现在并没有，所以他感觉非常不知所措，大家也是可以理解的。

第 2 次训导课上，我们绘制了该公司的"团队地图"，运用了一种排列方法，让每个人都认为他们彼此都站在正确的位置上，他们也在共同努力追求目标。通过真诚的、有些紧张的对话交流，我们明确了管理团队的目标：提供高效的领导方式，高效管理公司。高管团队也提出了一个重要问题：我们怎样才能更有效地发挥领导权力，更高效地倾听利益相关者的声音，创造真正为我们所有利益相关者服务的优质团队？我们探讨了多种这样做的方式。

第 3 次上课时，团队成员们都觉得有足够的安全感去给彼此提供有力的反馈。他们坦承了他们真心欣赏彼此的哪些特质，提出了他们认为有挑战性的问题。在这次真诚、公开的交流中，他们之间的氛围真的得到了改善。不久之后，我收到了首席执行官亚当的一封邮件，看到这封邮件，我感觉很欣慰，邮件原文如下：

亲爱的萨拉：

谢谢你上周末给我们上的课。虽然我们对于接下来的步骤以及过去事情的余波有一点不安，但反思过去、现在和将来还是很有好处的。毫无例外，他们都比刚开始的时候更觉得有人在倾听自己，更觉得自己有能力，对工作很投入，更觉得自己在工作中得到了支持和重视，总的来说，我认为我们的能力更强了。你的方法真的很有效！

你给我们上的课影响力真的很大。我们设法得到了董事会许可，为董事会制作提案，我们做了力所能及的事。现在，董事会议时，我们在"开场"之后，会让与会者们简短发言，阐述他们对会议进程的看法，并就热点问题展开沟通交流。我们有明确的决策清单，但我们并不会为此制作日程表，以让系统能量自然流动。

能得到你的帮忙真是太棒了。你觉得几个月后给董事会其他成员（董事长和非执行董事）也上一次课怎么样？

祝好

亚当

小结

· 企业系统指的是企业内外利益相关者不断变化的复杂关系网络，其行为不等同于各部分的行为之和。

· 如团队表现不佳，出现领导者之间的地位争夺战或部门之间的冲突等持续性的问题，要想成功化解，必须要用系统性的方法，以可持续性的方法解决。

· 领导者越是培养对系统原则的认识和理解，他们就越能够促使企业成员为了真正有说服力的"为什么"而合作。当领导者关注他们的整个"鱼缸"（或称系统），而不只是"鱼"（个人）时，他们采取的干预系统的措施才会更有效。

· 为团队成员创造归属感是一种化解冲突的有效方式。减少"消极依赖"（一方赢，一方输），增加"积极依赖"（双赢），能让相互冲突的团队团结起来。

· 这里有 5 种塑造系统的基本系统原则。领导者适应了这些原则，他们就知道怎样清理鱼缸，并在系统中创造积极的能量流动，这些基本原则包括：

① 目标：清楚且真实的目标让所有利益相关者团结一致。

② 承认：创造改变从承认现实开始。

③ 时间：先出现在系统中的人和事物自然排在后来者之上。

④ 位置：每个人在系统中都有独特的位置，且都得到了尊重。

⑤交换：给予和收获之间动态的平衡关系创造了健康的系统。

· 令人信服的目标像"磁石"一样，让散乱的系统团结一致。领导者让他们的团队、工作项目和服务定位于让企业存在的真正理由时，就会激发出团队追求卓越的能量，巩固整个系统。

· 未得到解决的问题会酿造系统化的负担和压力。有效的干预手段能够让整个系统重新按照系统规则行事。承认工作时间长短能让团队成员们找到"合适的位置"，让他们更好地处理彼此间的关系，为实现真正的企业目标而合作努力。

3 座桥梁：实现赛道选择的红利

第8章

∨∨

激活生态

> 大家都往同一方向而努力时，企业的表现会更好。被大家接受和认可的目标为企业指明了方向。
>
> ——安永信标研究所

开创性的领导者带领他们的企业走上了目标驱动的旅程。他们阐述了令企业存在有意义的原因：不再只关注股东利益，而是通过服务于整个受益者生态系统来创造价值。通过展现目标导向型领导的4种能力——培养领导风范、真诚沟通与对话、吸引利益相关者和整体为目标而共同努力——领导者让他们的企业关注更广泛的目标，使其成为在世界上创造积极变革的代理者。

"我们银行的目标就是赚钱！"

渣打银行(Standard Chartered Bank)的一项领导能力培训课程中，40名参与该课程的银行工作人员展开了一场对话。我是该课程的几名导师之一，这项课程是由牛津大学赛德商学院开设的。其中一些听课的人为了受邀听课已经等待了多年，而且将他们的听课资格视为是给他们所做的所有辛勤工作而颁发的荣誉勋章。他们从非洲、亚洲、美洲各地赶来，与他们的同行们一起学习，他们对该课程的期望值很高。

这时是一种完美的"压力锅"环境。金融科技的发展给公司的存在带来了压力。银行首席执行官比尔·温特斯（Bill Winters）进行了一段时间的企业重组，希望创造一种"挑战文化"，这造成了企业内部的巨大动荡，很多人员流失。很多领导者都应要求承担更多、更广泛的责任，但同时却总有失败感和"幸存者内疚感"。

在一次集体论坛上，人们开始试着探索自己和他人在新世界中的职责，关于该银行目标的一个问题出现了，引出了一些很有说服力的主张。

"我们当然需要盈利，但如果这是我们追求的唯一目标，那它就无法吸引我们的顾客。"

"激励我的是这里的人——我的同事和客户——和他们白手起家的故事，而不是为了最大化的利润而工作。"

"我做这份工作这么多年不是为了让人来关注，让人来指指点点的！"

随着这种激烈的争论继续进行，我认为他们无法就银行存在的目标进行更深入的对话交流，是一点也不奇怪的。对某些领导者而言，以目标为导向是不好的，因为他们更喜欢一切照旧带来的确定感，对另一些领导者而言，以目标为导向是一次机会，既让企业保持其竞争力，同时也在世界上创造积极的变革。

怎样激活整个利益相关者的生态系统——即职员、客户、供应商、社会和股东——不是只有渣打银行才需要面对的问题。在瞬息万变的世界中，对企业不断发展进化的目标达成共识，是许多领导者必须努力应对的新问题。明确目标是驾驭当前不确定性的唯一方法。

通过重新定义目标来重塑企业，是企业议程上的重要议题。有很多迹象表明，我们的企业机构，包括银行和金融机构，需要革新。虽然有些企业的职员们觉得工作令他们幸福，他们也对工作很投入，工作效率也高，但相对来说，很多企业并不是这样的。人们越来越认识到，由于企业中的不信任程度增加，以及员工们普遍存在的恐惧感，所有员工都全心投入工作的可能非常低。

除了个别企业，还有很多迹象表明，我们的整个经济都没有进行革新。马丁·沃尔夫在《金融时报》撰文阐述了"食利者资本主义"（指的是享有特权的个人和企业从其他所有者那里攫取不定数额的"租金"的一种模式）是如何创造出让少数人受益，让整个社会情况恶化的经济恶果的。全球化的生产率增长缓慢，不平等加剧，创新缓慢导致了重新确立资本主义的需求。

《企业必须盈利，但也应树立社会目标和追求》，这是 2019 年 9 月 18 日《金融时报》的头条新闻标题。该报以 3 种方式定义了这项"新议题"：（1）为了创造财富，并让企业成为社会发展的推动者；（2）使企业承担社会责任，使企业更优秀；（3）让企业和企业目标有在商界、社会和更广泛的世界中引领潮流的能力。他们还称，在我们这个充满变化的世界里，有些事情虽然看起来很难做到，但同时他们也看到了机遇。因此，本章包括如下内容：

· 更新商业意识
· 正向驱动
· 如何选对赛道

更新商业意识

《金融时报》呼吁采取行动之前一个月，美国"商业圆桌会议"发表了一项声明。它是一家很有影响力的美国商业团体机构，成员包括 181 家美国大型企业的首席执行官，主席是摩根大通（JP Morgan

Chase）的首席执行官杰米·戴蒙（Jamie Dimon）。2019 年 8 月 19 日，商业圆桌会议修改了 20 年来的旧宗旨——"企业的存在主要是为了服务股东"。他们说："虽然我们每家私企都有自己的企业目标，但我们对所有利益相关方都有基本的承诺。"

放弃过去 40 年推动资本主义发展的"股东至上"理念的行为是很引人注目的。他们这份 300 个词的声明中，"股东"到第 250 个词才出现，它承诺为客户创造价值，为企业培训员工而进行投资，创造具备包容性的多元文化，承诺公平交易、正当交易，承诺支持企业所属的社会，并保护环境。

虽然包括社会利益团体以及环境、社会和治理投资者在内的许多人都欢迎这一举措，但也有很多人反对。经济学家和投资者声称，追求社会利益会让公司陷入法律麻烦之中。美国的一家游说团体"机构投资者理事会"，"尊重但不同意"商业圆桌会议的声明，称"向所有人负责意味着不向任何人负责"。

争论的核心是这个问题：公司因为什么而存在？在商业圆桌会议发表声明几天后，吉莲·泰特（Gillian Tett）在英国《金融时报》撰文建议我们思考"公司"一词的词根。虽然这个词通常会让人联想到资产负债表和利润率，但这个词最初源自 12 世纪的法国词 compagnie，意思是"社会；友谊；亲密关系；兵团"，而这个词又来源于拉丁语词 companio，意思是"跟你一起吃面包的人"。

虽然一起吃面包的含义跟企业生活完全无关，但是巩固社会关系纽带，对于各种新形式的资本主义至关重要。比尔·盖茨曾在 2008 年的世界经济论坛上发表演说，介绍了"创新资本主义"的概念。全食品超市联合创始人约翰·麦基（John Mackey）提出了"有意识的资本主义"（conscious capitalism），Salesforce 的首席执行官马克·贝尼奥夫出过关于"慈悲资本主义"（compassionate capitalism）的书。这些概念都提倡企业应该关爱人类和地球，而不是将利益最大化当作最终极的目标。

巩固社会关系纽带是日渐兴盛的"共益企业"（B Corps）运动的核心。过去的 10 年里，有近 3000 家企业成了共益企业，包括巴塔哥尼亚和达能新鲜乳制品英国公司（Danone Fresh Dairies UK）。他们的道德观念，社会和环境行为习惯由独立的监管机构进行评估，以满足宾夕法尼亚州非营利组织 B Lab 制定的严格标准，该组织将评估结果公之于众。共益企业按要求以合法的方式为所有利益相关者的利益行事，而不只关注股东的利益。在英国，共益企业已超过 200 家，他们都被要求在公司章程里加入关于社会目标的条款，并制定相应的措施去实现它。

令人吃惊的是，越来越多的公司主动选择进行这种严格的评测，包括检测可持续性产品和服务的凭据。虽然有些人对"宣扬美德"或"目标化"嗤之以鼻，但商业领导者们正在满足一种急切的需求。随着对全球化问题观念的改变，尤其是气候变化的问题，做出目标驱动型变革的决策，不仅具有长期的良好商业意义，而且也意味着企业领导者正开始真正发挥领导的作用，而不只是制定并实施政策。

虽然我们遇到了各种各样的挑战，但也有一个巨大的机遇。在非常成功的自行车制造商——布朗普顿自行车公司，他们明白他们在乎什么，也知道如何服务于世界，因此提出了一个大胆的目标。该公司的首席执行官威尔·巴特勒-亚当斯在《目标的力量》一书中说，培养全球化的意识是明确目标的关键所在。他们的商品输出规模已达到某种程度，他们也更清楚全球局势，他们的目标也变得更明确了——就是改变城市人们的生活方式。

正向驱动

除了有成功案例支持企业目标驱动化，我们进行企业目标驱动化变革还有另一个理由，远胜过其他理由。科学家们认为，全球气候可能发生灾难性的变化，而领导者可以在这时发挥至关重要的作用，如巴塔哥尼亚、联合利华和冰岛集团这些注重可持续发展的公司，在这方面走在了最前面。他们认为，企业的目标不是盈利，而是在创造利益的过程中，既为人类创造福利，也将对地球的危害减少到最小，这是一个至关重要且迫切需要关注的方向。

关注气候的行动，已经成为我们这个时代的决定性挑战。随着洪水、高温和森林火灾的发生频率越来越频繁，气候变化现在已经不是远在天边的威胁，而首次成了人类史上，我们在日常生活中都会体验到的寻常事件。我们过去曾认为，环境问题只会对生活在我们并不关心的遥远地方的人们构成威胁，不过我们现在不能再这样认为了。气候变化带来的令人担忧的、不确定的影响，现在我们所有人都在面对。

有越来越多的声音在呼吁企业做出改变。坎布里亚大学（University of Cumbria）可持续发展领导能力教授、领导能力与可持续发展研究所的创始主任杰姆·本德尔博士（Dr Jem Bendell）承认，改革是很艰难的。在他的论文《非常适应》（Deep Adaptation）中，本德尔博士提出，由于大规模的作物歉收和粮食短缺，发达国家将在10年内出现社会崩溃。本德尔博士在由奥利维尔·米索德拉玛（Olivier Mythodrama）领导能力实验室和芬德霍恩咨询服务公司（Findhorn Consultancy Service）的罗宾·阿尔弗雷德（Robin Alfred）主持的节目《在气候变化的世界中做领导》中谈到，在社会崩溃开始之前，我们迫切需要改善跟他人的沟通交流——更专注于当前，保持好奇心、热忱和关注度。

公众对气候行动和企业责任的兴趣空前高涨，尤其是年轻人。在《财富》杂志、新范式（*New Paradigm*）进行的一项民意调查中，80%的25至34岁的年轻人表示，他们想为"敬业的公司"工作。公司越来越认识到，为了吸引最优秀的青年才干，他们需要关注后辈们的需要，需要聆听他们对诸如气候变化等问题的呼吁。

确立着眼于后辈的目标很重要。在《思考不可思议的事情》（*Thinking the Unthinkable*）一书中，作者尼克·高威（Nik Gowing）和克里斯·兰登（Chris Langdon）总结了数百次与企业领导者的访谈，并强调了明确目标在应对气候变化问题方面的作用。他们称，"新常态"的干扰，要求领导者思考"不可思议的事情"，并为其做规划。明确的企业目标很重要：在不确定的世界里，它为决策、战略制定和鼓舞人心提供了方向。

如何选对赛道

虽然有很多成功的目标驱动型企业的案例，但很多领导者仍然意识不到，令人信服的目标是企业成功的关键，能够激发出员工们的能量。他们可能既没有明确目标的能力，也缺乏实现目标的"专业知识"。

本章的后文里将介绍先驱领导者是如何把握住目标的。他们用充满目标感的领导方式，为他们的利益相关者生态系统明确了令人信服的目标，也为其他的领导者树立了榜样。

领导者如何确立目标感

想一想你看好的一家企业或一种品牌，他们的什么特质让你产生共鸣？

什么能够向你证明，该企业在实现他们的目标？（顾客喜爱他们的产品，他们对某个重要的社会问题发表了看法和意见，或是支持一种有意义的目标等。）

你可以从中学到什么能帮你的企业变得更以目标为驱动？

提高领导者的专注力

开启以目标为导向的领导征程，首先就需要领导者全心投入领导工作。在《目标：为什么有目标性的品牌做得更好，更有影响力》（*Do Purpose: Why brands with a purpose do better and matter more*）一书中，作者戴维·希亚特（David Hieatt）介绍了要建立有影响力的品牌，领导者首先要热衷于在这世上创造积极的变革。希亚特曾为盛世长城（Saatchi&Saatchi）工作过，并打造了过去10年最具影响力的运动品牌之一，所以他是我们钻研这一领域的好向导。

希亚特认为，目标驱动型的品牌之所以能吸引我们，是因为他们想要为他们认为重要的事情做贡献。小车租赁公司热布卡（Zipcar）改变了汽车的所有权；巴塔哥尼亚改变了服装的制作方式；苹果通过技术改变了休闲方式。这些公司激发了我们的购买欲，因为我们作为顾客或员工，也希望参与他们的变革。

我们本能地想要与比我们更重要的东西产生联系。回想你刚听说"9·11"事件的时候：那时你在哪里？我们经常会把这样的时刻"深植"于记忆中，因为它们将我们与更重要的故事情节联系在一起，让我们意识到我们与他人共同生活在地球上。

目标驱动型的品牌企业维护的是比利润本身更重要、更有意义的事物。世上最成功的品牌的魔力在于，它们是改变的希望，这希望就是它们的品牌。最好的品牌打动的不是我们的逻辑或理智，而是我们的心。成功的创始者会忠于自己的热忱，知道自己想要改变什么，知道自己关心什么，正如希亚特所说的那样："爱很重要。"

中国电子商务巨头阿里巴巴的创始人和前首席执行官马云认为，领导者真正与众不同的地方跟我们通常所认为的不一样。2017年9月，在纽约举行的彭博全球商业论坛（Bloomberg Global Business Forum）上，他发表了演说，分享了他的观念，即无论人工智能如何发展，诸如社会不平等、气候变化和全球流行病等重大全球化问题的解决方案，最终也只能由人类来制定：

> 机器没有心，没有灵魂，也没有信仰。人类有灵魂，有信仰，有价值观；我们有创造能力，我们正在证明，我们可以控制机器。

企业管理者需要高智商和高管理商（Management Quotient，这样他们就能掌控住乱糟糟的局面），同时，他们更需要"爱商"（人在爱情、亲情、友情等情感中的处理能力，指人了解爱本质的程度，以及正确地接受和表达爱的能力）。

在非常成功的网上零售商Zappos公司担任首席执行官超过17年的谢家华，就是具备爱商的开拓者之一。在接受《麦肯锡季刊》的一次采访时，谢家华称，Zappos成功的主要缘由是企业内外协调合作。谢家华讲述了该公司的1500名员工是怎样在他们的生态系统中占据了宝贵的位置："为了利用集体智慧，我们将每一位员工都视作'人性感应器'。"

谢家华用飞机打比方，阐述了为何需要所有"感应器"。虽然如高度计这样的"感应器"可能更重要，但领导者必须关注所有"感应器"。飞机上的低压警示灯亮起时，驾驶员不能忽视它；如果一名实习生发现企业员工在社交媒体上耗费了太多时间，他提出后，那这种"感知发现"不能被前辈或更资深的人所忽视。Zappos 的整个系统都在处理不同"感应器"或人员发出的信号，这样企业就能顺应不断变化的环境，并在其中进行创新。

为了实现"自组织"（指混沌系统在随机识别时形成耗散结构的过程，系统自组织功能越强，保持和产生新功能的能力也越强），Zappos 鼓励员工们"绕弯路"，以便找到使他们的个人目标与企业目标一致的理想位置。个人被认为是充满创造潜能、智慧和资源的——简而言之，是"完全的"人。他们的感知能力，尤其是感知个人目标和企业目标之间压力的能力，激发出了他们的工作潜能。

为了让个人目标和企业目标相一致（做出不同寻常的、令人惊讶的成绩），团队成员可以随心所欲地加入或离开 Zappos 公司的 500 个圈子。个人和企业的目标声明，随着时间流逝而产生变化。谢家华称："这不只是一次系统变革，也是职员个人的变革之旅。"这一行程从每个人都专注于自己当前的工作开始。

就目标展开真诚沟通

近代研究发现，只有在某些特定的因素出现时，拥有企业目标才能够促进公司有更好的市场表现，更高效的沟通发挥着关键性的作用。纽约大学斯特恩商学院的克劳丁·加藤博格（Claudine Gartenberg），哥伦比亚大学的安德里亚·普拉特（Andrea Prat）和哈佛商学院的乔治·塞拉菲姆（George Serafeim）进行了一项研究，调查了美国 429 家不同行业公司的约 50 万名员工——从高管到一线员工，包括 5 种不同职责，调查期限为 6 年。

他们发现，总的来看，在衡量与财务业绩相关的目标时，需要考虑两种因素：只有目标清晰的企业才能给出总体上优异的财务业绩；推动财务业绩与目标之间联系加深的，是中层管理人员的认知观念，而非高级管理人员或一线员工的，然而，对明确目标最为重要的人，也是高管层最容易无法与之进行有效沟通的人。充满活力、透明的领导方式，让目标变得明确清晰，并让沟通对话时"冻结的内部人"（不参与沟通探讨的人）参与到对话探讨中，对实现目标至关重要。

再来说说渣打银行，他们关于目标的沟通对话持续了好几个月。他们的领导能力培训项目——跨领域领导——为不同部门的领导者提供了一次独特的机会，让他们与同事们讨论他们之前可能没有想过的问题。我学到了一些重要的经验，了解到了对话怎么能帮领导者重新为他们的企业确立目标。

首先，领导者需要有一个可以在其中畅所欲言、专心工作的"安全空间"。我们在进行为期 30 天、60 天和 90 天的小型小组电话辅导的过程中，展开了关于目标的更有成效的对话，参与者们分享了他们不会与自己的团队分享的担忧。我们创造了共享的"容器"，供他们与其他部门的同事们一起探讨。

为了进行有意义的沟通交流，不同团队必须经过沟通对话的 4 个"程序"。想到这一点，我问渣打银行的工作人员：怎样才能使关于目标的沟通对话不陷入两极分化的境地？他们提出：

· 要保持好奇心，有真正想要了解我不知道的东西的愿望。

· 要认识到，自己不了解他人的真实感受。

· 暂停，稍稍停一下，做深呼吸。

· 展现友善、热情和关怀。

· 要提问而不是给出意见，这能让人觉得你想要了解更多。

· 让我的身体放松，感知我什么时候觉得紧张，并释放这种压力。

其次，让人进行更深入沟通对话的，是质询的精神——也就是想要了解更多的求知者态度。人们不再坚持自己的观念，而进入了一个更为广阔的空间。当我们摆脱了死板的思维模式，如"我是对的，你是错的"，那这就为新想法的出现提供了空间。

最后，关于目标的对话要求的不是"让我们改正这个"的心理，而是一种"让我们来谈一谈，看看会产生什么新的想法"的心态。真正的沟通对话能让我们毫不费力地产生新的观点看法。我们不需要强迫某事发生，不需要努力去促成什么结果。当"有启发性的意象"——无论是说话用到的语句、隐喻还是真实的图画——出现并开启了人们的想象力时，它就会令人振奋。

再来说说渣打银行，"人性化"成了一种"有启发性的认知"——这成了银行开启必需的变革之旅的"指示灯"。有些领导者善于接受新的观念，有些领导者则总是对新事物持怀疑态度，但是人们却仍然在沟通交流。我培训的那些职员提出了这些问题：渣打银行代表着什么？如果银行明天就要倒闭，谁会担心，为什么？

领导者进行"人性化"的探讨交流，渣打银行明确了它的目标："通过我们独特的多样性来促进商业发展和社会繁荣。"这一目标声明反映了该银行的独特之处：这些不同的人非常了解他们工作针对的当地客户和他们的市场。

然后，高层领导者要求职员们回答这个问题："如果我们要以人性化的方式实现我们的目标，我们该怎么做？"他们用智能机器众包分析了7000人的答案，并确定了他们最重视的行为，他们将"永不停息"与他们目标的"驱动"因素结合起来，"做正确的事情"实现"商业发展和社会繁荣"。"共同变得更好"是该银行利用"独特的多样性"的方式。

在我这里听课的几位领导者认为，如果没有一个安全空间让他们进行意义构建，那他们可能会放弃。领导者只有能够说出他们的弱点和缺陷，他们才能明白是该坚持还是该放弃追求目标。渣打银行让员工们就银行为何而存在的理由进行真诚沟通，不仅明确了它的目标，并且在动荡不安的时候留住了一些非常有才赋的员工。

吸引你的利益相关者，而不要惹恼他们

倾听客户及职员们的声音，是处理纷扰的关键所在。在《思考不可思议的事情》一书中，作者尼克·高威和克里斯·兰登讲述了肯尼亚的电信巨头萨法利通信公司（Safaricom），是如何通过吸引更多的利益相关者，并重新审核其企业目标，来扭转"不可思议的局面"的故事。

自 1997 年成立以来，萨法利通信公司以其创新性的市场领导地位而广受赞誉。该公司率先开发了一种汇款系统，使拥有移动电话的任何人（即使没有固话，家里没电或银行账户）都可以进行汇款转账。2008 年，该公司产品的使用者仅 200 万，但 2018 年时使用者涨到了2700 万。

2016 年时，不可思议的事情发生了。恼怒的年轻用户在社交媒体上指控该公司首席执行官鲍勃·科里莫尔（Bob Collymore）是"窃贼"。这些"数字忍者"认为，他们手机的新数据包收费过高。他们抱怨，他们太多人因此而在经济上"陷入困境"，并威胁要报复"剥削"他们的人。

萨法利的高管们认识到，他们的品牌可能在数周之内，甚至是几天之内就被人们唾弃。最让他们震惊的是，他们完全不明白下一辈人的想法。在这个半数人年龄都不到 26 岁的"数字国度"里，这些数字原住民有能力使该公司的名誉遭受巨大的损害，造成用户流失。

重新查验了萨法利的定价政策之后，科里莫尔认识到，他们可以

做出改变。之前，他们为产品出口设置了更为复杂的关税，而且该公司也已经在为客户未使用的功能付款。几天之内，该公司不仅需要改变其关税，而且还要改变对待情绪高涨、质疑不断的客户们的态度和行为。

听到这些批评，萨法利的高管们认识到，他们并没有弄明白，这一代人的需求已经完全不一样了。对千禧一代而言，手机是他们生活和美好未来的生命线，他们不是将萨法利公司当作投资者和股东的利益提供商，而是实现他们在世界上产生影响这一创造性目标的推动者。萨法利在资金转移方面的革命曾让人们认为，该公司不仅仅是一棵企业"摇钱树"。

为了应对这次危机，萨法利公司很快就组织了一个年轻人工作团队 BLAZE。这支团队由年轻人组成，目的是解决年轻人的问题，通过组织峰会、新人训练营，提供电视节目，"支持非常规的成功之旅"。萨法利的高管们都重新进行了学习，每个月要花两个小时与一位"数字原住民"打交道。结果，从 2017 至 2018 年 3 月的一年中，该公司的收入和利润都上升了（分别上升了 14.1% 和 8.8%），而没有大量客户流失的情况出现。

这个故事最令我印象深刻的是，该公司是如何通过倾听一种主要的利益相关者——用户的意见来扭转生存危机的。《经济学人》强调，这避免了变成以目标为导向的企业这个过程中的潜在陷阱，就是尽管"集资"听起来不错，但并不清楚首席执行官怎样才能知道他们公司所属的"社会"需要什么。他们认为，由于通常都听不到普通人的声音，首席执行官、政治家和活动团体应该"为社会设定高于他们公司利益的目标"。

萨法利通信公司的故事向我们证实了，使用公司产品的普通人也有权对公司的决策发表意见，当企业管理者采取谦卑的态度，用心倾听，不仅能确保公司的生存，还能让公司应对意料之外的事件。

为目标而合作努力

现在企业的新常态就是总会受到干扰，这就要求领导者在进行领导工作时要有明确的目标和道德规范。当领导者简单地将目标设定为使利润增长这种微不足道的目标，而不是打造一家提供有利于客户和消费者的商品和服务的公司时，这就会产生一定的后果。在教育和健康服务行业，由于人们认识不到企业机构的目标，而且也没有努力去实现应该要达成的目标，因此人们觉得很有压力。这两种行业领域的工作者总是觉得精力耗竭，而且人员的流动率也很高。

一个没有明确真正目标的系统最终将会"自动关闭"。当最高的目标只是治愈病人时，英国国民医疗保健系统中的很多工作单位都会觉得很有压力。教育系统若只痴迷于完成教学目标和成绩排名，那就会黯然失色。教师们正处在一种"恐惧、监管过度、缺乏信任的文化"中，五分之一的教师计划在两年内离职。由于有着巨大的压力，领导者们通常认识不到他们的目标，或者不了解他们的受益者。他们只看到了业绩目标和评估者，但却忘了他们的患者、孩子，也忘了他们未来最好的可能性。

当设定业绩目标取代了真实的社会目标时，企业就会陷入麻烦中。销售量、市场份额和经济增长指标是很诱人的，因为这些都是可以衡量的，但它们不是真正的"为什么"。在《哈佛商业评论》发表的《目标疯狂》中，作者认为，虽然设定业绩目标能够带来诸如增加员工积极性等很多好处，但也会导致很多看不见的问题，如只关注短期利益，阻碍了人们学习探索，人们会因为担心实现不了某种目标而做出不道德的行为。

　　企业通常管理过度，领导不足。高层管理者注重对比实际绩效和定下的目标绩效（管理）而忽略了企业的真正目标（领导者的真正职责）。对于一家致力于为世界做积极贡献的企业而言，领导者们需要不将绩效目标设定视为"伪目标"，而应该为企业设立真正令人信服的目标。

　　虽然这世上的每家企业都知道它们在做什么（售卖的产品和提供的服务），但只有一部分企业知道该怎样做它们所做的工作（使它们在竞争中脱颖而出），只有极少数的企业明白它们为什么要做它们所做的工作。不过西蒙·斯涅克在他的畅销书《从"为什么"开始》中提出："人们购买的不是你提供的产品和服务，而是你做这些产品和服务的理由。"（见下图）

为什么开始

　　企业的"为什么要做"就是它存在的理由。在他们的开创性论文《建立企业愿景》（*Building Your Company's Vision*）中，詹姆斯·C.柯林斯（James C. Collins）和杰里·I.波拉斯（Jerry I. Porras）将"为什么要做"视为"北极星"。企业的业绩目标有明确的终止线，但企业的社会目标却是未完成的状态。后者并不是关于企业的产品、服务或市场份额的，而是企业不断追求的对象，例如：

·华特·迪士尼的目标不是要创作动漫，而是要让人们开心。

·麦肯锡集团的目标不是要做管理咨询，而是让企业和政府机构更加成功。

·房利美（美国的联邦国民抵押贷款协会，是美国最大的"政府赞助企业"，从事金融业务，用以扩大在二级房屋消费市场上流动资金的专门机构）的目标不是重新包装抵押贷款，而是通过不断使房屋所有权民主化来巩固社会结构。

令人信服的企业目标是被人们发现的，而不是被构建出来的。明确目标既不是智力活动，也不是猜字谜游戏。领导者通常认为难以明确企业的真正目标，因为他们通常不知道企业的未来在何方，所以许多企业都没有能够引导企业行为的有效目标，而是以绩效目标和自己的期望为目标。

发现企业的"为什么要做"，要求领导者探索他们的内心，发现有意义的内容。他们还必须看自身之外的世界上发生了什么能打动他们，让他们想要创造改变的事情。他们需要倾听自己内心的声音。

最后，领导者需要吸引企业中的人，鼓励他们去探索什么能让他们投入当下的工作，什么能给他们带来工作的动力，这样他们才能发现真正的目标。

为了明确鲜明的目标，可以按如下的步骤来做。

怎样确定令人信服的企业目标

当领导者挖掘他们为企业工作的个人理由时，就会渐渐地发现企业的目标，并逐渐合并统一。

1. 创建核心集体。想象一下，如果你要按要求为你们企业在另一个星球上的发展重新组建新的团队，运载火箭上只有7—12人的座位。挑选对你们企业的DNA有直觉认知的人，并确保你选的人包括了一些中层管理人员。

2. 主持真诚对话。邀请人们回答问题，让他们探讨他们所关心的事物，以及企业存在的理由：

· 我们作为一家企业，代表着什么？

· 我们真正想要在这世界上创造什么样的价值？

· 我们唯一能解决的关键问题是什么？

· 我们最关心的是谁，他们最需要从我们这里得到什么？

· 如果我们的企业倒闭了，会对我们最关心的对象造成怎样的影响？

· 什么能激发我们的热情，让我们愿意为之付出更多？

3. 一起反思对话。回顾你们刚刚的对话沟通，看看哪些话题是"热点"。什么激发了人们的热情？人们什么时候最积极？看看有没有什么降低了人们能量的事物。沟通对话不包括哪些内容，可能会有一些明显的暗示。

4. 抓住本质。根据这些观察，邀请人们写下他们发现的目标"碎片"，给每个人一些纸张，要求他们在这些纸张上写下这些"碎片"，可以是单个的词语，也可以是短语。让他们关注这些语句的本质，而不要让他们像猜谜一样随意猜测。

5. 让它慢慢渗透进人心中。就下一次探讨商定时间，再次聚集到一起时，重新审视所有的"碎片"，花一点时间将这些"碎片"整合拼凑好，发表能鼓舞人心的目标声明。要记住，我们可以有很多种表述目标的方式，怎么方便就怎么表述。你也可以在后来逐渐修改调整目标声明。

重要的是，要让大家对企业的目标有真正的"感知"，让他们明白该目标的本质是什么，以让他们达成共识。这样，在真正进行公开声明的时候，我们才能够更广泛地使用它来探讨其与利益相关者的关系。

让目标激起整个系统的热情

"我们想要不同寻常的目标！首席财务官中心集团有限公司（CFO Centre Group Ltd）的创始人和董事长科林·米尔斯（Colin Mills）这样告诉我。我们在探讨改变他们的企业目标时，他很明确地提出了他希望新的目标带给人们的感觉。

该公司成立于20年前，目标是帮助企业创始者们摆脱传统的企业生活。它为那些不需要全职首席财务官的公司提供兼职首席财务，让他们有"组合性的生活方式"，从而能抽出更多时间去做自己喜欢的事情，同时兼顾值得做的工作。该公司的创始目标虽然很明确，但却并没有明确表述出来，让公司员工为之合作努力；我们现在就是要处理这个问题。

一起为此努力了一年后，我遇到了该公司的首席执行官萨拉·道（Sara Daw），通过交流，我学到了目标怎样能激励和鼓舞整个利益相关者生态系统的3种重要经验：

首先，人们要能被企业目标激起干劲。要让团队成员对目标产生感情联系，这一目标就必须符合我们所有人内心里想要创造非凡的愿望。要利用它吸引顾客，那就需要让顾客信任公司，对公司的产品产生购买欲，有助于让顾客建立对品牌的忠诚度。真正的目标能够体现一种令人振奋的勇气。

企业心理学家古纳克·贝恩斯（Gurnek Bains）在他的书《有意义的企业》中举出了企业可以用来明确目标的多种方式：例如：

·沃尔玛、谷歌和宜家用的是"普遍化"的目标，就是提供大众化的产品和服务，为所有人谋福利。

·新能源公司 Ecotricity、打车应用优步（Uber）和英国能源供应商 Ovo 能源公司（Ovo Energy）通过消除现任管理者的自满情绪，来达到把握"新的挑战"的目的。

·特斯拉公司（Tesla）、三星（Samsung）和 ARM 公司则致力于"创新"，走的是前人没有走过的路。

我们用这种分类（它包含的类别更完整）作为"开始十连问"来探索什么目标是引人注目的。该公司知道，他们的"为什么要这样做"与创新息息相关。未来的工作和"现代化的首席财务官"，这两点多次成为他们沟通对话的主题，由此可知，他们公司的 DNA 就是创新。随着"零工经济"的兴起，它们为首席财务官们提供了一种颠覆性的企业模式，并给他们带来了归属感，这两者的结合让企业更清楚地明确了自己的目标。

其次，当未完成的工作出现问题需要处理时，就可以用企业的目标来处理。一位高管在公司艰难的状况下离开了首席财务官中心集团，埃德·罗兰和我为他们的公司系统制作了一幅"活地图"（用上文介绍的系统排列法），我们很容易就能看到，该系统里有一些"不安定的能量"。虽然处理这些问题有点麻烦，因为通常要处理人们复杂的感受。但什么也不做的风险更大，例如，人们会抱怨自己的付出与收获不平等，人的工作和地位得不到认可，或者工作压力很大等。用企业目标清理"鱼缸"则为企业系统注入了积极的能量，这样人们都会尽到自己的职责，合作努力去达成目标。

最后，引人注目的企业目标让人们团结起来去发掘企业最好的未来的潜能。科林·米尔斯和萨拉·道斯曾在创作刚刚出版不久的《管理自由》（*Executive Freedom*）一书时进行了调研，收集了关于人为何加入所从事的行业的重要资料。他们去了斯蒂夫·富勒（Steve Fuller）和格雷厄姆·梅西（Graham Massey）创立的市场咨询公司 The House 进行调研，运用了该公司的故事，继续与 CFO 集团的成员们围绕明确目标这个问题进行沟通，认为这些沟通能够"巩固我们的品牌"——这是我们个人很轻易就能参与进来的事。经过数月与世界各地的不同分公司团队的咨询探讨，CFO 做出了新的目标声明："我们帮你按你选择的生活方式去生活。"

"他们公司的人都很喜欢这个新目标！"萨拉·道斯告诉我，"我们得到了很棒的反馈。他们分享的关于为什么该目标对他们很重要的故事的影响力是惊人的。"

我也被她的热忱感染了。

"我们想要让人们不再认为一切都不会改变。我们坐下来跟该公司的所有人一起沟通交流，问他们，'你怎么理解我们的品牌'，让我们的力量凝聚到一起。"

萨拉认为，新的目标声明已经使 CFO 的品牌更加丰满。

"明确我们的目标让我们更清楚地认识了我们的品牌。我们的品牌，我们的文化就是我们的竞争优势——没有人可以复制！"

萨拉还说，确定目标还让该公司在竞争激烈的时候脱颖而出。由于科技发展，让自由职业者为其工作的企业也越来越多了。

"不过他们都将这当作交易，"萨拉说，"我们不是技术性企业，我们是人文企业。从以人为本的角度定义我们的目标，让我们走在潮流的前沿，这样我们就能够真正为客户服务，并帮助他们驾驭未来。"

小结

·企业内外环境的改变已经变成了新常态。对资本主义、企业目标和环境的观念意识发生了改变，这就给企业带来了压力，这种压力迫使它们成为在这世间行善的中坚力量，而不只是金融财富的创造者。

·进步的公司正主动围绕着令人信服的目标而努力，促进积极的社会变化，创造财务盈利。愈演愈盛的共益企业运动反映了"投入型公司"日益增多的趋势。

·明确令人信服的企业目标，并吸引利益相关者参与到实现目标的工作中来，是领导者的真正功能。当赚钱，设定并实现业绩目标取代了真正的目标时，这就会给企业带来损害。

·发现真正的企业目标不是分析性的过程——而是一种全身心投入的体验。企业的"为什么"必须有鼓舞人心的力量，做决策的时候要果决明确，使利益相关者团结一致，这样他们就能为企业内外的人们的持久幸福做贡献。

·培养具备目标感的领导者需要4种核心能力，领导者就是在让他们的企业变成革新和为所有利益相关者创造价值的代理者。

第9章

统筹目标

> 当你和你身边的人都有共同的目标，并且都对其充满激情，那么一切皆有可能。
>
> ——霍华德·舒尔茨（Howard Schultz）

要使企业走向成功，企业中的每个人都必须真正团结协作，这就需要团队合作的力量。提高团队合作效率的关键，是设定共同的团队目标，并且明确提出来。虽然团队的多样化是实现目标的必要条件，但明确的"为什么"能让团队成员们化解冲突，找到他们的一致之处。激励整个团队的鼓舞人心的目标，能够让团队成员们彼此适应，并吸引他们的利益相关者和更广泛的环境的关注。具备目标感的领导有4种能力，能让团队开启这样的征程。

让我们来看看如下故事中的管理团队在处理上述的问题时遭遇的挑战。

"这不是一场谈话。"

这是会议开始时的开场白。那时，英国某政府机构的首席技术执行官（CTO）召集了IT理事会的高级领导团队开会来探讨他们的目标。他们花了一整天的时间来听取所有人的意见，明确高级领导团队的目标。

"这可以是一场谈话，"首席技术执行官说，"我以前就那样做过，花两个小时的时间和一些便利贴，你自己就能想出一些东西来。这办法很方便，但没有效果。我希望我们团队的目标是有生命力的，而不只是一个'标本'。"

我认为，这位执行官的话很有道理。他明白，目标是应该共同创造的，而不是被迫接受的。虽然我对此觉得很兴奋，但我不确定他们团队也能接受这种观念。他们进入了会议室，当他们走进房间看到围成一圈的椅子时，我注意他们的表情。我听到这些 IT 专家中有几个人在小声地说，希望这不是一次集体治疗。他们坐下来时，我尽力地安慰他们说不会，只是团队聚一下。

"过去的 18 个月里，我们做出了不同寻常的成绩，"首席技术官说，"我们机构有明确的目标，现在，我们必须尽到自己的职责。我希望，我们能成为整个威斯敏斯特市 IT 部门的标杆，但重要的是，我们大家要就我们的团队目标达成一致。"

听到这话，有几个人点了点头，但也有一些人的目光仍然空洞无神。

"我在这里工作了 28 年了，我过了很多像这样的日子。"团队中唯一的一位女士温和却带着挑衅意味地说，"很多事情刚开始就结束了——绝大部分都是如此。我们不只是要确定我们的目标，而是让我们的目标活起来，不然今天的会议跟以往不会有任何不一样。"

"我现在要做的事情太多了，"另一个人说，"我很不想再继续工作了。如果我们不能得到想要的结果——就是我们一致认可的高层管理团队的目标声明——那今天开会将完全是浪费时间。"

我看向对面的合作伙伴，他是 IT 理事会的一名成员，也是这次会议的倡导者和发起者。令我欣慰的是，他看起来很放松，这让我的心也安定下来。这时，我有种强烈的感觉，认为我们的工作一定会收获成效。

一个被完全认可、相信并付诸实施的目标，对团队的成功至关重要。卡岑巴赫和史密斯对团队做了如下定义："一个团队就是一群具有互补性技能的人，用他们认为彼此负责任的方式，致力于共同的实际和绩效目标。"。

有了共同认可的目标，团队成员们就有责任将其付诸行动。没有共享的目标，团队就不是团队，只是一群人。团队可以是存续期多年的固定团体，也可以是仅存续几个月的项目团队，重要的是要有集体性的"为什么要这样做"。

团队合作不容易做到。团队没有共同的目标，就会出现很多问题。不同人的个性冲突，紧张的人际关系或个人工作的"谷仓效应"是普遍化的现象，成员们还相互指责彼此只做自己的事，并对其他人"不合作"而觉得沮丧。

研究显示，当团队一致去追求令人信服的目标时，上述的这些问题都将不复存在。有了共同认可的目标，那就能一起探讨实现目标的策略；有了策略，团队就明确了方向；有了共同努力的方向，成员们就会对团队产生归属感，就会认为"我们一起在做这件事"，就能化解他们的冲突矛盾，这样领导者也会开始明白，自己需要做什么，不需要做什么，团队成员们也会变得充满活力。

因此，明确一个让成员投入的目标，是提高团队表现力的一种高成效干预方式。明确目标，并让目标得到大家的认可和接受，这就需要第 2 部分介绍的 4 种领导能力，这一点我们在后文里也会介绍。

本章包括如下内容：

·目标的层次

·黏合剂效应

·高效能的关键

目标的层次

团队目标跟目的、方针或愿景不同，它是团队存在的更深层原因。我曾经对某高管团队就团队目标进行过训导。通过训导，他们决定采取"逐一发言"的方式，让所有部门都了解公司的目标，让他们成为"与众不同的公司"。他们的愿望是希望企业内的员工都感觉自己能够为企业去奋斗做贡献，他们的方针是让人们一起分享"成功的小秘诀"，他们的目的是打破不同部门之间的"谷仓"。但让团队保持活力的还是团队的目标。

令人信服的团队目标有几个独有的特征。

首先，团队目标必须是实在的。要鼓舞人们发挥出最大的潜能，团队的目标必须切实。不需要用高雅美好的辞藻来表述——这只会引起他人的冷嘲热讽。目标必须能反映团队面临的真正挑战和机遇。

其次，制定团队目标必须由团队一起完成，不是团队领导者关起门来起草目标声明——因为团队成员需要对其投入情感，所以这需要一种完全不同的方法。令人信服的目标必须要能打动人心。

最后，团队目标必须是团队的真正目标，而不是伪目标。在第7章里我们已经认识到，企业真正的目标通常与创始目标、宣扬的目标和实际的目标是不同的。如果企业有真正鼓舞人心的目标，它就会像磁铁吸引铁屑一样，吸引人们为它而投入能量。其他的目标——例如赚钱——就没有这么大的魔力。

团队要发挥出最佳的潜能，就要有真正的目标。对企业来说，就是如下图所示的4种层次的目标。下图中央是团队服务的受益者，这些利益相关者可能是顾客、企业的高层领导者、投资者等——任何与企业的持久成功有关的人。

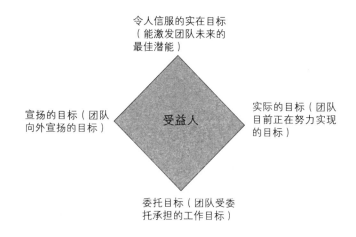

令人信服的实在目标
（能激发团队未来的
最佳潜能）

宣扬的目标（团队
向外宣扬的目标）

受益人

实际的目标（团队
目前正在努力实现
的目标）

委托目标（团队受委
托承担的工作目标）

团队目标钻石图：不同层次的目标

4 个层次的目标包括：

委托目标——这是团队组建的目的，通常是由高管团队或董事会制定的。

宣扬的目标——这是团队宣传中所称他们要做的事，与是否出现了正式的文件声明无关。

实际的目标——就是指无论团队在做什么，他们正在努力实现的目标。

最令人信服的实在目标——这可能给团队创造最好的未来，而且与企业的社会目标相符。

黏合剂效应

真正的目标是让团队凝聚的"黏合剂"。要让团队的"为什么"发挥这种作用，就要将团队的委托目标转化成最令人信服的实在目标，

宣扬的目标与实际的目标之间的差距，可以为团队在这个过程中进行
必要的改变创造动力。

怎样发掘团队的实在目标？

这个训练最好是跟你的团队一起完成。利用团队目标钻
石图，思考如下的问题：

1. 你们团队要服务于谁？你们想为你们的受益者创造怎
样的效益？

2. 你们团队创建的目标是什么？现在你们的委托目标有
多么重要？

3. 们团队宣扬的目标是什么？这一目标与实际在实现的
目标相符吗？

4. 当团队成员们感觉自己最投入、工作热情最高的时候，
他们实际在做什么工作？这显示了你们团队最令人信服的实
在目标的什么特征？

现在，取一张纸，在最上方写下你们团队的实在目标。
将剩下的空白部分分为3个板块,标注为"开始""停止"和"继
续"。以目标为参考点，在这3个板块中写下你想要做的
事情。如果这个目标能让每位团队成员明白自己要做什么，
不应该做什么，那这就是一种积极正面的迹象。如果这个目
标不能让人们思路清晰，那就重新考虑。

高效能的关键

让团队目标突出

领导者更专注于当下，可以使团队的真正目标变得更加清晰、明确，因为人们可以更深入地分享自己所知道的东西。当团队成员一起专注于当下时，他们就能够感知到他们团队的"为什么"。正如发现目标时，周边视觉比中心视觉更管用一样，同样地，用"柔和的"眼光看比用"强硬的"眼光看更有帮助。

专注力是团队和个人都可以培养的能力。当人们认为彼此"在一起"时，他们思考的质量更高。当人们的内心状态彼此和谐一致时，他们就能够拓展出无限的可能性。思想、感受和直觉以一种创造性的表现方式涌现出来。

"拽引"，指的是一个实体以某种节奏带动另一个实体，两者以另一种节奏同步活动。经典的例子是，房间里摆满了节奏不规则的摆钟，它们随着时间流逝逐渐摆动。生活在同一屋檐下的女性经常发现，随着时间推移，她们的排卵期和经期会趋近于同一时期。即便没有任何有意识地这样做的意图，但她们的周期都趋向于统一。"时间生物学"的研究显示，这种趋同性不是通过学习获得的，而是与生俱来的。

这种"场域效应"（指人的行为总会受到行为发生的场域所影响，场域并非单指物理环境，也包括他人行为及与此相关的许多因素）在会议中也会发生，我们的感应也是相互关联不可分的。团队的领导者通常用开场白来为整场会议奠定基调，如果开场白是批评性的话，那么很快，与会者们就会开始维护自己的观点；如果是质疑性的话，那整个会场就会弥漫着犹疑的氛围；如果是鼓励性的话，那会场氛围就会轻松活跃。

当人们全心投入沟通交流时，最容易接受并适应团队的目标。团队的每一位成员都明白什么能带给他们动力，当他们全心投入时，他们就能发现他们的团队目标。团队的"为什么"来自给不同的团队成员带来动力的事物的组合。回到上文所述的故事中，我要求该团队的成员们用 A3 彩色卡纸制作一张替换的名片，上面写下如下的问题：

- ……时我感觉最有活力。
- 我最想要的环境是……
- 我最想为团队……（做出的贡献）
- 我最想从团队获得……

团队成员们分享他们的看法时，他们就能明白自己能为团队做什么样的贡献，就能明白该怎样相互支持，就能够团结一致了。成员们一起考虑他们能怎样互帮互助，共同服务于他们的利益相关者，很容易就能发现团队目标。这种对话能让彼此都明白团队的目标，让目标保持鲜活，而不只停留在文件上。

在对话中认识和了解不同的意见

要让团队认可并接受最符合所有人利益的目标，重要的是要通过真诚沟通对话，来认识和了解不同的观念看法，而不是将它们掩藏到地毯下。通过发现和认识观念的不同之处，整个团队的智慧才能体现出来，这样才能发现吸引人的、需要合作才能达成的目标。

在高层管理团队的会议上，我们创造了空间，去探讨人们的不同观点给团队带来的压力。开始的时候，人们相互探讨了对如下问题的初始回答：

- 这个团队真正的目标是什么？

· 是什么从我们这个团队渗透到整个企业及以外的地方？

· 如果我们团队今天不存在了，那明天这个世界会有什么不一样？

将重点明确放在更大的"为什么"上，以开启不同层面的对话沟通。个人把握住同事回答的内容的本质，并反馈给集体。进行过这种集体性沟通交流，我们提出了4种可行的团队目标声明，这些声明展现了团队的特质，以及它最好的可能性。

我们将这4种目标分别写在4张大卡纸上，并将它们放在地板上，每个人都选他们认为最吸引自己的目标，如果某种声明与他们产生了共鸣，那就站到它旁边。如果某种声明对他们没有吸引力，那就与它保持距离，或者看向别的地方。用这种方式，我们很快就能明白如下的内容：

· 这种方式凸显了大家观点一致的地方。直接站在首席技术官后面的团队成员说，技术官很开心，因为他们选择了同样的目标声明，也就选择了相同的方向。

· 这种方式也彰显出大家不同的观点。那些将明确目标看作是去管理团队的人，与将其看作是团结团队能力的人的观点背道而驰，这也让团队开始就真正重要的问题展开交流。

· 人们使用的某些语言引起了更多的关注。一位团队成员称，有一种目标声明他觉得很有道理，因为其中有"实现"和"交付"这样的词。其他人也对最吸引他们的声明发表了看法。

令人吃惊的是，我们真正投入，关注当下，对话就会非常活跃。惯常的对话规则——如谁说得最多，谁同意谁的看法，谁反对谁的看法——都被打断了。我们接受的目标帮助我们展开相互尊重且投入的对话交流："我们这样做，我们不那样做！"

我们很快就发现了，那4种目标声明中的哪条最能激发该团队的活力。这时候，我们也发现，首席技术官的目光转向了窗外。

"我们的团队目标必须与外部环境结合起来。"他若有所思地说。

"也必须与我们领导的团队结合起来。"另一位高管说。

这是很明确地提醒他们，要发现真正的团队目标，他们不仅要关注自己的团队，还要关注团队工作所属的更广泛的环境。系统化的视角很重要。为了鼓励该高管团队顾全大局，我问道：

"谁会最仔细地审核你们的团队目标？"

"首席运营官——她会有很多要说的！"

"我们的职员！"

"我们的部门总监们！"

"我们的首席执行官。"

"财务也会提意见。"

"还有那些未担任管理职位的员工。"

显然，该高管团队还需要从其主要利益相关者的角度来看目标。虽然上午的沟通对话内容都很有见地，但他们并没有发现能激发出他们工作热情的目标。为了帮助该团队更深入地挖掘目标，我们显然需要从不同的角度来研究它，而不只是用"令人兴奋的"方式。

通过利益相关方明确目标

要让目标在团队中保持活力，关键是在探索的过程中让所有相关方都参与进来。团队、部门和企业并不是独立于世的——它们都在各自的生态系统中占据了一席之地。团队与视野更广阔的利益相关者共同探索，就更容易发现真正的目标。

之前在第 6 章里，我用了如下的风铃图来反映不同的利益相关者是怎样在复杂微妙的系统中保持平衡的，这也适用于团队、企业及其利益相关者们。在阅读更多内容之前，你可能会花一点时间去思考与你们团队相关的个人和组织机构。如果你在下图中的某个位置写下你的团队名，那你还会加入你们的哪些利益相关者呢？你可以将他们的名称写在其他的圆圈内。

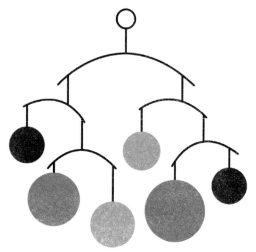

利益相关者的风铃图

为了跟该高管团队更深入地探索其目标，我用了开创性的系统排列法（这一理论我在第 7 章里介绍过）。当我们从多个利益相关者的角度考虑问题时，就能够往系统中注入更多的能量，因为这种基于意识的方法尤其具有洞察性。企业中的管理者越来越多地使用这种具体化的绘图方式，就能得到对话本身或更理性的方法无法得到的突破性见解。

团队有了真正的目标，就会真正活跃起来，真正的目标让人们团结一致且专注投入，就像磁铁会将随机分布的铁屑吸入一个有规则的磁场中一样，共同目标也会让团队更加和谐。团队成员们不会坚持自己的方向，他们的力量会凝聚到一起。

继续来说上文介绍的高管团队，我们制作了一张利益相关者地图来使团队目标更明确。我将团队的目标声明制作成一幅海报，邀请每个成员来自愿扮演一位主要利益相关者。

然后，我让这些"代表"们暂时将自己的观点放在一边，让他们站在他们所代表的利益相关者或相关方的角度去看问题，我让他们待在离海报有一定距离的地方，去思考该目标从多大程度上满足了他们的需求，他们与目标的距离越近，就越表示他们认为该高管团队的目标有益于他们；距离越远，就越表示他们认为该目标不利于他们。

很快我们就发现，他们当时的目标并不完美。虽然有一两位利益相关者代表距离海报较近，但其他代表却分散在房间各处；该企业之外的利益相关者几乎都要排到房间另一头的门外去了；职员、首席执行官和首席运营官都在房间中央。

我们听取了每位代表对他们所处位置的认知和看法，探索了这整幅地图。有些人分享了自己的感觉（"我觉得胃有点不舒服"），有些人分享了自己的感受（我觉得这很果断干脆），还有他们对自己与目标和他人距离远近的看法。我们收集这些信息，人们的呼吸声和笑声表明，他们确定的目标引起了团队成员们的共鸣。我问他们：

"什么会让你距高管团队的目标更近一步？"

他们回答得很快，也很放松。我们记录了我们想出的这些观点，如下所示：

· "缺少人！人虽然很多，但跟我们目标一致的并不多！"（首席运营官）

· "你花钱做事都要有价值，因为这不是在花我们的钱，而是在花国家的钱。"（财务）

· "你及时做好了工作吗？我们需要你按时完成工作。"（部门总监）

· "还没有说怎样让我们专心投入工作——我们需要专心投入工作！"（员工）

上述这些言论背后透出的能量和情感与会议开始时的玩世不恭大

不相同。令我们大家松了一口气的是，随着我们的对话继续进行，该团队找到了一种普遍认同且明确的目标。有了明确的目标，可以更广泛地进行分享，以便进一步完善它。让真正的利益相关者加入目标探讨过程，能让团队的"为什么"真正服务于团队工作的受益者。

用团队目标使团队成员们团结一致

要给团队注入新鲜的能量，就要让团队成员找到自己的位置。如下的训练能帮团队成员找到自己与目标的相对位置，以便团结一致去实现目标。

怎样帮助团队成员找到他们的正确位置

做这次训练，你需要找一间空的大房间。

给每个参与者一块纸板，要求他们在上面写下自己的名字，并画一个箭头，指示方向。

再找一块纸板写下团队的目标，并画一个箭头。

当前状态

要求团队领导者将写有目标的纸板随意放在地上。留意一下纸板上箭头的指向，多放几次，直到认为箭头指向了"正确的"位置为止。

让每一个团队成员放下他们的纸板，要注意如下的问题：

·距离——你认为你能够坚持目标，就将你的纸板放在靠近目标的位置；

·方向——你与目标一致，你纸板箭头的方向与目标箭头的方向一致。

请团队成员站在他们自己的纸板上，留意一下每个人都站在自己的位置上时，显现出来的当前状况的能量场是怎样的。

接下来，请成员们在房间里转圈，站到其他人的纸板上，而不是待在自己的纸板上，留意一下站在不同的位置上时的感觉。

领导者要留意能量场中所有人之间或与团队目标之间的方向是否一致，距离是远还是近，思考一下这意味着什么。

期待的未来

接下来，请每个人做一次你希望能够优化整个能量场的积极行为，在这里是指将他们的纸板放在离其他人的纸板更近或更远的位置上，或是调整纸板箭头指向的方向，以便有更多人与目标保持一致。领导者要花一点时间去思考怎样重新调整整个团队的能量场（想一想风铃图——一个部分移动了，其他部分也会跟着移动）。

反思性对话

给人们提供机会一起反思如下的问题：

· 这幅地图显现了团队的什么潜藏能力？

· 什么会促成或阻碍"积极行为"发生？

· 要让"积极行为"更容易发生，需要什么？

让人们说说，通过这次排列训练，在工作中他们会有什么不一样的表现，来让整个团队更加团结地实现目标？

接下来我们要探索的是团队目标怎样与企业目标相联系。创造这种观念有助于推广"大教堂思维"（"大教堂"一词源于人们回首中世纪大教堂的建造方式，那时的工人们致力于一个共同的目标，即建造持久存在的教堂，这些建筑的规划者和早期建设者们知道自己在建造令人惊叹的建筑，也意识到这需要好几代人的努力，所以这一词指的是一种愿景宣言，激励人们去追求他们无法达到，或至少不是马上就能达到的目标）。正如作家安托万·德·圣埃克苏佩里（Antoine de Saint Exupéry）说的那样："人心中若有大教堂的样子，那么他看的石堆也不再是石堆了。"

让我们将眼前的砖块和石头砌成雕梁画栋的建筑的，正是目标。我将前文所述的探索公司在欧洲、中东和非洲地区的人事部门，他们探索他们团队目标和他们企业的"为什么"之间的关系，对该部门产生了非常大的积极影响的故事，告诉了上述的高管团队。

通过反馈促进发展

明确团队目标的另一大好处就是，能够促进团队的持续发展。共享反馈确保了团队正在努力实现其目标，反馈可以通过正式的评估会议来分享，也可以通过更加非正式的方式来分享，重要的是，反馈是真诚、有效的。

怎样给予反馈是近现代的一项热门话题。英国《卫报》有一篇题为《反馈现在为什么不重要了？》的文章，介绍了我们很多人在听到"我能给你一些反馈"这种话时，会产生恐惧感。《哈佛商业评论》近期也发表了一篇文章，作者阐述了诸如 Netflix 这样的公司是怎样采用"彻底的坦诚"规则行事的，在这些公司中，员工们被鼓励频繁地、坦率地、带着批判态度去告诉彼此真正发生的事实。作者质疑这种反馈总是有用的这种观点，并介绍了更好的反馈方法，包括密切关注我们使用的语言。

从目标驱动的角度来看，如果人们的行为方式有害于团队的"为什么"，那就需要用另一种有效的方式来解决。如果领导者没有合理的理由就不让他人参与到会议中来，或者因为奖金而区别对待团队成员，那么承认这一点很重要。如果不关注这种事，就会引起团队成员的怨愤。

反馈不是要让谁觉得自己不胜任或不适合自己的职位，而是要支持对方拓展思维，让他们成长，并为创造表现好的团队做贡献。我们的观点需要尽可能清楚而诚实地表述出来，而不是假装自己是个专家，"明白"别人需要怎样改变。

虽然如下的交流训练侧重的是"发展式"反馈，但同样的原则也适用于"激励式"反馈。如果你们团队里有成员擅长吸引利益相关者，或是善于分享成功的经验，那你就要告诉他们自身的这些优点。我们只有花时间去分享我们认为有效的行事方式，并鼓励团队成员们多多培养这样的行事习惯，人们才会表现优秀。

进行反馈式沟通

选时间进行反馈。如果有团队成员给客户做了一次糟糕的展示，那最好是你过一两天再提你的看法，并解决问题（如果有谁曾经做得好，直接告诉他们）。

接下来，仔细考虑你要用的语言，尽量简洁、有礼貌。任何批评化的因素——无论是用的语言还是语气，都会让对方闭嘴。看一看如下左侧"我们通常怎样说"这一栏列出的陈述，找出你可能会用到的。再看一看右侧"换这种说法试试"这一栏，看看哪种适用于你需要应对的情况。

尽可能使用特定的、效果可见的方式。不要阐述通常情况下要怎样说，主要说明你推荐的行为、态度，这样接收者就能明白，想要成功的未来，他们需要怎么做（或不需要怎样做）。

我们通常怎样说	换这种说法试试
我能给你一点反馈吗？	我们能谈一谈 × 的情况吗？我想跟你说说我的看法
你应该……	在类似的情况下，我会这样做……
你需要提高……的技能	我给你一些建议，让你下次变得不一样
你必须不那么自傲……	当……时我生气了
你需要更宽容一些	我听说 × 没有受邀参与会议，我很关心这件事
你这样做真是太不公平了	我听说 × 没有得到奖金，我觉得你是认为他们表现很差

问一问其他人这样的沟通交流给了他们怎样的感受，探索他人对你给出的信息的看法。你可以问问，他们了解到了什么，以及他们对你是否有什么要求。最后告诉他们，你随时都能与他们就此进行进一步的沟通交流。

当团队成员认识到，自己的行为"偏离了目标"时，他们可以做出改进，采用积极有效的行为方式，团队成员们可以通过这种方式来使团队团结一致为目标而努力。

小结

　　·清楚且固定的共享目标是成为高效能团队的关键。它以能鼓舞每位团队成员的方式，阐述了团队存在的理由。

　　·团队目标必须真诚、共享且富于活力。鼓舞人心的团队目标让大家团结一致，让大家"接受并适应"彼此，而不会陷入冲突矛盾中。

　　·有4种层次的团队目标。团队"真正目标"反映了其未来最好的可能性，这通常与团队的委托目标、宣扬目标和实际目标不同，使委托目标进化成为真正的目标，团队就需要采取更实效的变革。

· 要发现团队的目标，就需要以目标为导向的领导方式的 4 种能力：

○ 当人们专注于当前时，他们就是在用心和头脑探索什么是最重要的。

○ 真诚的对话能够凸显出人们的不同思想观念，并让团队成员们就他们的集体职责展开更深入的交流。

○ 让利益相关者参与关于目标的探讨，能让团队目标真正满足团队服务对象的需求。

○ 真正的团队目标能让团队成员觉得，它与自己的个人目标是一致的。

· 有说服力的团队目标跟企业的实在目标是一致的，能让每个团队成员有归属感，并认为自己在"正确的位置"上。

· 团队成员们给予彼此建设性的反馈，团队的表现会更好。

第 10 章

⌄
⌄

激励效能

> 企业需要所有员工为其投入工作热情，以让企业在千变
> 万化的世界中求生存。
>
> ——大卫·怀特

真正的领导者能通过调动员工对工作的热情来让他们振奋，真正的领导者能与他人开展有意义的对话，让他们觉得自己被上司关注，并有足够的安全感来完全地展现自我，能让人们感知他们的工作对他人和环境产生的积极影响，让他们对自己的工作保持热情。真正的领导者在履行他们认为应该尽到的职责，他们的热情也点燃了他人的热情。培养领导者风范，真正专注于当下，与利益相关者展开真诚沟通，听取他们的意见，为目标而合作努力，能使个人、团队和企业实现共赢，繁荣发展。这一切都要从领导者感受到内心中目标的"温情效应"（给予他人好处来得到精神上的满足）开始。

我们来看看，以下这个故事中的领导者是怎样得到好运的。

"就是这样吗？"

我跟旅游业的一位潜在客户——盖里进行了一次"友好的会面"，我们坐在伦敦安静的大不列颠图书馆内。他双臂交叉叠在脑后，靠在

椅子上，我想，这是一个看上去什么都不缺的人。我也注意到他平板电脑上的屏保照片——美丽的妻子和笑容满面的孩子们站在大大的房子前，旁边还停着一辆豪车。

"还有什么比这更重要的吗？"

这话听起来像一句歌词，不过我看着他看我的眼神就知道，他提这个问题是很认真的。我们这次会面，本来是来探讨怎样使他的工作更进一步的，然而，我们谈着谈着自然而然地就谈到了这个话题。

"我是唯一不满足于'不断地工作，领薪水，回家'的生活的人吗？"

"那你认为你的生活中还少了什么吗？"

"近来我有过这种厚重感，"盖里说，"再过4年，我就40岁了，我希望我回头看我的人生的时候，会认为我做得很不错。"

我们沉默了一会儿，然后他说了这样一句令我印象深刻的话。

"我想要觉得我真正活过。"

要让工作带给人极大的满足感，这是生活给我们的艰难挑战之一。要找到这种满足感，需要我们有勇气，花时间，坚持去做，而且在面对不可避免的问题时，我们还需要有耐心。不过，这样做是值得的，将日常工作与目标联系起来，能够鼓舞和激励我们。如果我们愿意服务于利益相关者，那我们就会觉得我们与比我们更重要的事情产生了联系，从而我们会认为，我们做的事是"正确的"。

然而，目标却不是直接就能够发现的。除非我们足够幸运，否则绝大部分家庭、学校和企业机构都不会直接让我们找到我们的"北极星"。我们通常会受到引导，有时候会受到驱使，成为他人希望我们成为的样子。我们有些人会追随父母的脚步，从事父母从事的职业，或进入家族企业，因为这虽然可能让我们厌烦，但却是我们所熟悉的。还有些人很不明智地想要实现父母未曾实现的梦想，但却最终放弃了。

十几岁的时候，我主要的梦想是成为一名建筑师，在大学里，我也选择了建筑专业的课程。直到多年后，我才认识到，我无意识地承担了我父亲未完成的梦想——他是一位有艺术天赋的土木工程师，但这种天赋在他的职业生活中根本毫无用武之地。最终，我放弃了那个完全不属于我的"梦想"，这种轻松的感觉我一直都会记得。

30年后的现在，那种发自内心的轻松感仍然激励着我去做我现在的工作。我已经摆脱了那种无法给我带来活力的职业，转而选了一条我热爱的职业之路，所以我想要分享一下，我所学到的怎样对工作保持热情的经验。很多研究向我们证实了，职员们有目标感能直接影响到他们的健康、适应能力和寿命；领导者有这种独到的责任，创造让他们自己和他们的员工持久幸福的持久环境。

本章主要介绍的是领导者本人怎样在两个层面上发现并遵从他们的目标。首先，领导者必须明白自己的职责，如果领导者自己都不能保持对工作的热情，那也就无法鼓舞其他人对工作保持热情，除非领导者自己投入工作，否则我们无法使我们的团队都投入工作。领导团队工作，从调动自己的热情和能量开始，领导者的积极主动是最能够"感染"其他人的。

其次，本章还介绍了领导者怎样才能带领下属们跨越桥梁，从疲累无力转而变成活力四射，对工作热情。顺便透露一下：在上文所述的盖里的故事里，盖里最终决定离开公司了。如果在训导过程中我能见一见他的上司，我会跟他们说我在这里介绍的内容。我也记不清见过多少有才赋的人，是因为他们的领导者没有给他们鼓舞和激励而离开公司的。虽然离职可能是正确的决定，但领导者可以让职员们对工作保持热忱，从而鼓励他们留下来。

本章包括了如下内容：

· 热情感召

· 目标进化

· 霍桑效应

热情感召

近代包括神经科学在内的多种研究告诉我们，领导者能做些什么来改变现在职场上普遍的不投入工作的情况。伦敦商学院企业行为学教授丹·凯布尔（Dan Cable）在《在工作中保持活力》（*Alive At Work*）中指出，不投入工作不是心理上不投入，而是生理上不投入。我们生来不喜欢过重复性、惯常性的生活，而是喜欢进行探索、实验和学习的。我们的"搜索系统"为我们提供好奇心、创意和勇气。我们学习新事物，培养新技能，或进行有新含义的对话时，就会感受到多巴胺的刺激。多巴胺是一种让我们感觉良好，鼓励我们探索更多的神经传递素。

凯布尔将我们"搜索系统"的不活跃，追溯到工业革命时期，那时职场变得官僚主义化，上级对下级的控制很紧。随着流水线的出现，再到目标化的管理方式，我们的"恐惧系统"越来越活跃了，其症状表现就是现今职场上很多人都表现出了焦虑和忧惧的心理状态。

还有大量的研究显示，在很多企业中，人们都有强烈的恐惧感。雇员们不敢说实话，担心失去工作，害怕被他人疏远。虽然如今我们的企业再没有像工业革命时代时的企业那样会存在生命危险，但人们却遭遇了很多心理上的问题。结果，我们就一直低着头，担心着我们的未来。

激活"搜索系统"是激发人们能量的关键，这样人们才会投入工作。

这并不意味着我们总是会感受到幸福开心——有时候我们也可能会觉得不方便、不舒服——重要的是，我们认为我们的工作是有意义的，是可持续的。

我们追求目标的时候，最确定的一点是，我们会觉得自己很投入，很有动力。我们花时间将我们的才干投入到有意义的事业中，这的确会给我们带来真正的幸福感，而不只是暂时的、肤浅的欢愉。可能我们要进行艰难的沟通对话，可能我们需要做出牺牲，但我们会以目标感为动力，继续前行。

目标进化

领导者帮助职员认识、了解并习惯目标是有益的，这有 3 个理由。

首先，以目标为导向的员工更容易因工作而充实。2016 年的员工目标指数显示，全球有 37% 的"领英"职员（40% 在美国）认为自己是"以目标为导向"的——他们认为，比起获得地位和金钱，做重要的工作更能激发出他们的热情。以目标为导向的员工担任领导职位的可能性要高 50%，成为他们企业机构代表的可能性也要高 50%。

其次，这对我们的幸福有益。心理学研究证实，在工作中有目标的人比那些没有目标的人拥有更好的生活。南佛罗里达州大学心理学研究员们进行的一项调研显示，认为自己的工作有意义、值得的学者，对工作的投入程度、幸福感和对工作的满意度，比那些不觉得自己的工作值得、有意义的学者要高。过去 20 年中的多项研究都证实了类似的结果。

这项研究最重要的一点是，它调查的人还包括了一种知道职责使命感，但却未给使命感做出回应的人，这些学者的生理和心理状态跟其他两个对照组相比还要差很多。研究人员总结称："只有在职责使命感得到了回应时，这种使命感才对人起到了作用，但跟不知道职责使命感相比，知道使命感却不回应对人更有害。"

换言之，忽略使命感对我们是有害的。

最后，研究显示，员工希望将有成就感的工作纳入心理契约（对员工和企业机构双方责任和义务的交换关系的感知和理解）之中。领导者扮演着"意义构建者"这个重要角色，尤其是在千变万化、不确定的时候，通过让人们理解企业新的发展变化对他们而言意味着什么，来引导他们按企业的目标去进行工作。领导者如果不关注这一点，那么员工们对工作的投入度也会下降。

光辉国际进行的调研显示，在高变动的环境下，领导者通常会忽视让员工了解企业的"为什么"的必要性，领导者可能太忙碌，压力太大，太不明白未来会怎样了。认识到这一普遍性的盲点的领导者，更可能解决这个问题，通过让员工了解他们的"为什么"来留住他们。

完成工作的欲望

在一篇名为《你为什么讨厌工作》（Why You Hate Work）的文章中，作者指出，我们有太多人缺乏目标明确的工作了，作者调查了各行各业多家企业的近 2 万名员工发现，当如下的 4 种需求得到了满足时，他们对工作的满意程度更高，工作效率也更高：

· 物理上的——有规律的作息时间，比如每 90 分钟休息一会儿。

· 心理上的——能够专注于手头的工作，对工作有决策权。

· 情感上的——感觉受到了重视、欣赏和关心，尤其是自己的顶头上司的重视、欣赏和关心。

·精神上的——感觉自己的工作有更高的目标，感觉我们做的是我们最擅长，也最令我们享受的工作。

虽然这4种需求得到了满足能够提高人们的工作效率、工作表现力，以及对工作的忠诚度，但其中最后这种需求的影响力比其他的都要大。精神需求得到了满足的职员，跟那些找不到工作意义的职员相比，留在公司的可能性要高3倍。

然而，这里还有一个问题。虽然上文《你为什么讨厌工作》书的作者介绍了怎样满足员工的前3种需求，但却没有阐述怎样满足精神上的需求。在我们快节奏、注重成就的物质主义文化中，我们缺乏如何感知内心深处召唤的指导。根据培养领导才能的第一种能力，即领导者专注当下的能力，我们接下来介绍一些"指南"。

怎样发现你自己的目标

我们的"为什么"通常是我们被动接受的，而不是自己考虑所得。正如史蒂夫·乔布斯2005年在斯坦福大学毕业典礼上发表的著名演讲中所说的那样："不要被教条所束缚，因为那意味着你活在别人思考的结果中。不要让他人的意见淹没了你内心里的声音。最重要的是，要有勇气去遵从你的内心和本能，它们才真的知道你真正想要的是什么。"

为了实现我们的目标，我们需要按下图所示，将目标从最低级转变为最高级。

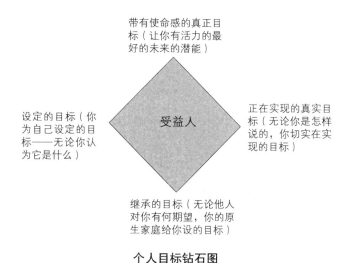

带有使命感的真正目
标（让你有活力的最
好的未来的潜能）

设定的目标（你
为自己设定的目
标——无论你认
为它是什么）

受益人

正在实现的真实目
标（无论你是怎样
说的，你切实在实
现的目标）

继承的目标（无论他人
对你有何期望，你的原
生家庭给你设的目标）

个人目标钻石图

这 4 种不同目标是按如下顺序发展形成的。

·我们继承的目标是从原生家庭中获得的。这既包括了激发我们本性的积极经历，也包括了我们的父母、兄弟姐妹和其他家人们无益的期望。如果我们认识到这些过去的"涂层"是怎样塑造了我们自己，我们就能去进行我们"真正的工作"了。

·我们设定的目标就是长大后我们的构想，我们在理智上也相信它。这一目标通常是被我们记在脑海中的，但我们会将它当作我们的真正目标一样去相信、提及。我们通常会创造听起来美好的"目标"，而这并不能反映我们内心中的不满。

·我们正在实现的真实目标，指的是我们现在真正在实现的目标，无论我们是怎样对自己或他人说的。有时候，我们"承担"我们工作的企业的目标，因为我们渴望做一些有价值的事情，或者迫于压力服从这一目标。即便这样说听起来不够真诚，但这也是我们自己创造的现实。

·我们带有使命感的真正目标，就是我们感觉生活召唤我们去做的事，或要求我们成为的样子。当我们实现真正的目标时，我们能感受到内心中有暖流涌动。我们内心里深深地知道我们是属于哪里的，也是在表现我们真实的自己。我们不再关注过去和现在，而是看向了未来，期待着发挥出我们最佳的潜能。

我们真正的目标不是我们出于对他人的责任而设定的。美国作家、勇气与恢复中心创始人帕克·帕尔默（Parker Palmer）回忆，他曾在"做一个有抱负的广告人"和他的真正目标"创造快速的玩具汽车和其他大型玩具"之间摇摆不定，他觉得那时的生活令他不寒而栗："我的生活跟我心中所想要的生活完全不一样。"

我们很多人都知道，我们设定的目标和正在实现的真实目标之间的差距有多大。找到一种方法去平息内心中这两种目标引起的冲突，从而实现带有使命感的真正目标，这是很重要的。

我曾经疏导过的一位领导者安妮，就回忆了她的 4 种目标是怎样进化的。因为她的原生家庭给予的影响，她曾经有想要在这世间创造非凡成就的强烈愿望，但也觉得很难真正完成非凡的工作。安妮说，虽然她知道很多讲述怎样让孩子的生命变得与众不同的故事，她也担负了她就职的政府部门的听起来很非凡的目标，但仍觉得内心很空洞。她说：

"真的，我就是个政策研究者！我忙着参加会议，忙着写文案，但我不知道这些是否真正有意义。"

虽然我们设定的目标与我们实际正在实现的目标有差距会让我们烦恼，但这也是一次改变的好机会。当我们意识到我们从事的工作中有什么"不正常"时，这种感觉就是一种警示。我们开始觉得，另一种生活方式在召唤我们，我们会被其所吸引，因为我们会在那里追求我们带有使命感的真正目标。

感受到这种不相符，安妮换了工作，成了一家关注儿童福利的非营利机构的主管。在她的新职位上，安妮能够运用她天生的战略思考能力，真正让她的利益相关者参与进来。

进化你的目标

如下的训练要用到个人目标钻石图。

第 1 部分——你继承的目标

认识并了解你小的时候大人们给你传递的信息。想一想，你的父母和其他重要亲人希望你成为什么样，又希望从你那里获得什么。

·我的父母希望我成为什么样？如果他们对此没有过什么要求，这对我有什么影响？

·我怎样才能实现父母或先辈们未完成的梦想？我是不是在以某种方式去完成他们想要完成或未曾完成的梦想？

考虑一下，你年少时的生活对你产生的积极影响是什么。你的父母、兄弟姐妹或朋友可能会为你提供回答如下问题的一些线索：

·我年少的时候真正喜欢做的是什么事？什么情况下我的行事效率很高？

·其他的孩子喜欢我做的什么事？

·我什么时候完全表述了我自己的意思？

第 2 部分——你设定的目标和你正在实现的真实目标

想一想你任何觉得自己被困住或卡住的感受，让这些感受出现，而不要将它们推开。提醒自己，不适的感受可以成为改变的积极催化剂。

·我的兴趣、利益、价值观和目标，以及我工作所属的企业机构的兴趣、利益、价值观和目标之间有哪些不一致的地方？

·如果我要对我的工作状态做出改变，会造成什么消极影响？如果不改变又会有什么消极影响？

第3部分——你带有使命感的真正目标

要记住，当我们的头脑和心保持一致时，我们就能做出最好的决策。

·我能对我的生活做出的最有意义的事是什么？

·我对什么感兴趣？我什么时候会有轻松感？跟谁在一起会有轻松感？

·我什么时候会有"这种感觉是对的"的感受？未来在以什么方式召唤我？

最后，想一想你做出的回答，看看有没有什么令你意外的答案。对这种可能性保持开放的心态，那就是真正该你走的路，有时候就在你脚下！

顺着你的"线路"

我们每个人都有独特的潜能。根据美国心理学家和作家詹姆斯·希尔曼的观点，就像橡子成长为橡树一样，我们的内心里也隐藏着我们未来可能性的蓝图。那我们生命的大冒险就是找到内心里的那颗"橡子"并遵从它，让它完全成长成熟。正如希尔曼所写的那样：

人类生活比我们理论认为的更丰富，迟早会有什么事情让我们走上一条特定的道路。你可能记得这个'东西'是童年时出现的一种信号，可能是一种莫名的冲动，转而突然痴迷某种事物，像一种意外之喜突然降临：这是我必须做的，这是我必须拥有的，这就是我。

我们通常是通过生活中的"标志性时刻"来逐渐认识我们真正的目标的。这些"标志性时刻"共同编织成一条"线"，引导我们朝着与我们目标一致的方向而努力。我培训高管的时候，发现了3种类型的"标志性时刻"。

感知时刻　　　　磨合时刻　　　　同步时刻

首先，感知时刻就是我们对自己是谁有强烈的认识的时候，这种时候，我们可能会觉得，"这就是我！我就是这样的！"这种感觉可能会在参加某种活动时突然出现，持续时间不长，也可能会持续一段时间，例如进行一些延展性任务（指派员工做一些可以让他们自我挑战，并且超越以前工作的任务来延展能力）时。它还可能会出现在我们做擅长做或喜欢做的事情时。

现代最成功的英国喜剧演员保罗·莫顿（Paul Merton），他从小就对幽默滑稽的事物感兴趣，喜欢看马戏团的小丑表演，听观众们发出的哄笑声。一次采访中，他讲述了多年后在伦敦喜剧院（The Comedy Store in London）的首场单口相声表演时的激动心情。观众们都很喜欢他的演出，莫顿那天是走路回家的，从索霍区到斯特里汉姆（都位于伦敦，相距约 11 千米），"一路上我欣喜若狂"。当我们找到了属于自己的道路时，我们就会很兴奋。

其次，磨合时刻指的是对我们的极限进行考验的决定人生的经历，这种经历可能是单一的事件，也可能是一系列的体验。这样的时候，我们通常会体验到痛苦、迷惘、艰难或绝望。创造了"磨合时刻"这一概念的领导能力专家尼克·克雷格（Nick Craig）、比尔·乔治（Bill George）和斯科特·诺克（Scott Nook）认为，正是艰难的事情和艰难的时刻，赋予了我们作为领导者的勇气，赋予了我们的领导工作以意义。这样的时刻引起了我们的关注，我们不断回忆它们，因为它们能帮我们认识真正的自我。如果我们对其置之不理，那它们就会"拖住我们"，让我们做不值得的工作。如果我们"记录"它们——谈论或是写下——那这些经历就会去除我们个性中的"杂质"，显露出我们的本性。

知名的英国投资者和慈善家盖伊·汉兹（Guy Hands）曾公开讲述过他艰难的童年生活怎样塑造了现在的他。盖伊·汉兹患有严重的诵读困难症，3 岁时从津巴布韦移居英国，在学校里，他总是受人欺负。一次接受 BBC 采访时，他提到，欺凌变得越来越频繁，后来"有一天我突然反抗了，我搬起了桌子砸向了一个欺负我的孩子，但我并不因此而觉得自豪"。

盖伊·汉兹说，艰难的童年让他有了改变自己生活的驱动力。凭借发现好的投资项目、建立多元化文化团队的非凡能力，他成了泰丰投资公司（Terra Firma）的创始人，据称，该公司拥有47亿英镑的资产。（BBC访谈）他对欺负他的孩子们没有怨恨，他表现出了要利用塑造了他的那些艰难时刻的决心。

最后，同步时刻指的是让我们感觉到我们正走在正确的道路上，正在做有意义的事情。伟大的瑞士心理学家卡尔·荣格（Carl Jung）创造了"同步性"这个词，用来指那些让人感觉并非虚假的、意料之外的、充满活力的事情。这样的时刻可能很普通：谈话的时候，读杂志文章的时候，或听你感觉非常有意思的广播节目的时候。这些事情可能看起来很平凡，但不能低估其作用，因为它强化了我们内心的潜藏观念。

注意从琐碎的生活中流露的东西，因为它可能是一种有价值的线索，让我们找到人生目标的"线路"。荣格派心理分析师和作家詹姆斯·霍利斯（James Hollis）所说的那样：

有些东西是属于我们的，那它就代表了我们，它会触动我们内心的"校音器"。它会产生回声，因为它一直都在我们心中。我们内心的共鸣不是我们控制它产生的，而是自然发生的，没有哪种意志能够控制我们内心的共鸣，但共鸣却是能让我们找到适合自己的道路的最好向导。

在我们内心共鸣的"校音器"能让我们明确我们的目标。多年前，我在影院看电影，看到片尾字幕时，突然蹦出了"沟通训导师"这个词。在我的领英网资料中，这个词已经成了定义我的语汇的一部分，不是定义影片角色，而是定义我的职场生活。

共鸣示意图

共鸣是能让我们找到适合自己的道路的最好向导。

——詹姆斯·霍利斯

观察上图，将上图中的文字换成：

"我就是这样的！"

"这听起来真令人振奋！"

"我想要探索更多。"

"这时候我灵光一现。"

我们越努力实现目标，我们身边的能量场就会越活跃。如果我们对这种"活动"敏感，那么对的事情就会在正确的时间和地点发生。我们不需要强迫，人们就会敞开心扉拥抱机遇。我们不要用强迫的方式，而应该吸引人们按着目标的方向前行，让我们期望的目标不用我们去努力促成，自然而然地出现、发生。

找到目标需要我们更新观念，我们要放弃规划好的未来，这样新兴的未来才会出现。我们真正感受到我们下一步的真实行动是正确的——这样我们就能采取下一步骤，"跨过桥梁"去实现我们的目标。

顺着你的"线路"走

回顾前文，继续探索你的目标的"线路"。

感知时刻

· 你有过"我就是这样的！"的经历吗？

· 生活中的什么时候，你曾觉得特别有活力？

· 你什么时候感受到过"被召唤"去帮助进行一种有目标的事业？

磨合时刻

· 什么样的不幸经历对你影响深远？

· 这样的经历怎样增强了你作为领导者的领导能力？

· 你在帮助遭遇其他相似挑战的人时遇到过哪些难题？

同步时刻

· 什么意外的遭遇让你觉得特别有活力？

· 你想到了什么有意义的巧合事件？

· 什么"想象的意象"让你警醒起来？一个词、一个短语、一幅画或是一种标志？

共同编织

最后，思考一下你们的回答，看看这些答案有什么共同点。如果你的生活中出现了一条"线路"，那可能是怎样的？详细地描述一下。你真的会顺着这条"线路"继续走吗？你的"下一步"究竟是什么？

霍桑效应

花时间跟你的职员们在一起

现在，我们来看一看，领导者怎样才能鼓动他们身边的其他人投入工作，这时我想到了霍桑效应——这是企业心理学的一种经典理论。这个词是研究人员在 20 世纪 20 至 30 年代时，在芝加哥城外的一家工厂里研究怎样改善工人们的工作表现时提出的。他们做了多种尝试，如改善工作间的照明状况，改变工人们的作息模式，让工人们在单间里自行工作等，每做一次改变，工作效率就会提高一点。无论是做出怎样的干预措施，似乎只要让工人们得到利益，他们的工作效率就会提高。

花时间进行有意义的沟通交流，是一种让你的职员们集中注意力的有效方式。在职场中，我们都想要被他人认可、重视和欣赏——如果得不到，那我们就会没有归属感，就会产生抱怨。

近代研究表明，职业咨询是一种支持人们做出积极的职业选择的"有效方式"。跟上司、朋友、信任的同事或明智的咨询师就此进行沟通也是很有帮助的。另一个人通常更容易采取"元立场"，以中立的观念态度来看待情况。这样的沟通交流能够拓展人的思维，帮助人做出决策或采取行动。这样，人们会变得更冷静，做事更有积极性。

沟通对话的另一大好处在于，别人有时能够看到我们身上对实现我们的目标至关重要的特性。有时候我们毫不费力就能拥有某种能力，或对某事有着发自内心的热情，以至于我们认为这些都是理所当然存在的。我们可以用"乔哈利窗"来理解这一点——这个概念是由乔瑟夫·勒夫和哈利·英格拉姆提出的，故以他们的名字合并为这个概念的名称。这扇"窗户"有 4 个"窗格"，如下图示。

	我知道的关于我的事情	我不知道的关于我的事情
他人知道的关于我的事情	公开的自我 （我知道，他人也知道的关于我的事情）	看不见的自我 （我不知道，但是他人知道的关于我的事情）
他人不知道的关于我的事情	隐藏的自我 （我知道，但是他人不知道的关于我的事情）	未知的自我 （我和他人都不知道的关于我的事情）

乔哈利窗

根据这张图示，我们有 4 种"自我"：

· 公开的自我指的是自己和他人都知道的特征。

· 隐藏的自我指的是自己知道但他人不知道的特征。

· 看不见的自我指的是自己不知道，但他人知道的特征。

· 未知的自我指的是自己和他人都不知道的特征。

他人能揭示我们"看不见的自我"的一个重要方面。我总记得多年前，我的老板进入餐厅，发现我兴致勃勃地跟一些同事聊天的情景。他说，我看起来毫不费力地就能够吸引他人，他说的话让我了解了我自己有，但我并不知道的特性。当我回忆起他说的话时，我总会想到我上一本书的标题《关键对话》，于是我总会莞尔一笑。

要想知道"乔哈利窗"怎样能让你和你的下属们加深理解和认知，请按如下所示进行训练。我们的目标反映了我们独特且真实的自我，因此，更清楚地认识自我更能够让我们发挥出自己的创意和才干，让我们更好地享受工作和生活。

怎样更清楚地认识你的不同"自我"

花一点时间来思考如下的3个问题，你可以跟一位值得信赖的朋友或很了解你的同事一起探讨。

1. 我假装不了解自己的什么特性？我有什么我自己没有承认的能力或兴趣？这显示了我"隐藏的自我"的什么特征？

2. 其他人对我的能力有何看法？他们对我做出了什么令我鼓舞的评价？他人让我注意到了我"看不见的自我"的哪些特征？

3. 我崇拜哪种跟我非常不一样的领导者？他们有哪些我可能也有的品质？这能让我知道"未知的自我"的哪些特征？

考虑一下，你给出的回答告诉了你什么。去郊外或是某个休闲的地方散散心，不要为任何具体的想法而费神，自然而然地去推断即可。

花一点时间仔细考虑一下，你的哪些下属可能因为你的观念态度而受益。

·你发现他们有哪些"超能力"？

·你见到过他们表达他们心中的想法观点或展现热情吗？

·你让他们注意到了他们"看不见的自我"的哪些特征？

花一点时间跟他们分享一下你的看法。

跟你的团队成员们探讨，你就能知道，他们每天做的事情是否符合他们的目标和价值观，你还能知道，他们与企业的目标有多么一致。你可以问问他们如下的问题：

·你的日常活动对你而言最有意义的地方是什么？

·我怎样才能帮你在工作中实现更多的目标？

·你需要什么样的资源？

·我能够帮你克服什么样的阻碍？

正如作家尼古拉斯·皮尔斯所说的那样，一次坦率的、诚恳的和支持性的沟通对话能够让人们"将灵魂和职责统一起来"，帮他们克服阻碍和恐惧感。你帮助他人通过日常工作去实现他们的个人目标，那这就是你真正发挥领导作用的时候。

让职员利益和企业的利益保持一致

企业的目标就是确保受益者的持久幸福。研究证实，我们现在通常认为，"创造"——为后辈的利益做重要的事，是我们所做工作的意义所在。目标并不是我们本来就有的，因为我们积极且专注于想要使世界变得更美好的愿望，所以才出现了目标。要变成目标驱动型的个人，不要遵循美国商学院"学习、赚钱、回报"的传统方法（很多慈善家都是遵循这种方法），而是在整个职业过程中都遵循目标去工作。说我们"稍后"就能实现目标，从而将目标"深深冻结"，这是一种误导。考虑我们应该要服务于谁，并与他们保持联系，这能给我们带来极大的动力。我们的受益者可能是其他人、动物或大自然，重要的是，我们是全心投入工作的。

丹·凯布尔在伦敦商学院的一位同事弗里克·维穆伦（Freek Vermeulen）认为，让职员与利益相关者联系起来，能够创造"领域性的意义"。通常，企业领导者跟员工们谈论企业目标的时候，都会用上很多华丽的辞藻——但是，让他们感受并认识到，他们的工作对受益者产生的直接影响，这样做更有效果。华丽的辞藻只会引起人们的冷嘲热讽，但即使是与真诚表达感激的受益者的简短交流，也会使工作有意义。这传递的信息是，我们不必"拯救雨林或做大型手术"——日常的工作都会带来改变。

亚当·格兰特对电话服务中心的大学资金筹措接听者进行了调研，调查了他们一个月内接到的关于资金筹集的电话数额，以及3组接听者筹集到的资金数额。打电话之前，其中一组被带到了一个单间，一位管理人员给他们读了一位受益学生的来信，介绍了他们获得的奖学金给他们的生活带来了怎样的变化，但这一组接听者的表现并没有比他们的对照组更好。这次调研的第3组接听者，花了几分钟时间与受益者进行了面对面的沟通交流，他们的表现很突出，筹集到的钱要比目标多171%。目标并不是抽象的概念，它必须被人感知到。

丹·凯布尔对亚当·格兰特的研究进行了反思，并给领导者提出了中肯的看法。通过直接与受益者沟通来使企业产生目标感，沟通交流时态度必须真诚，如果领导者将其视作一种操控员工情绪的手段，就会适得其反。还有人警告称，要提防领导者用"好处"来欺骗人们与企业的目标保持一致的风险。领导者必须确保与受益者的沟通联系是真诚的，只有真诚的情感关系才能激发出目标的力量。

进行能提供安全感的沟通

作为领导者，重要的是要创造一种支持人们成长成熟的环境。目标激活了我们的"搜索系统"，鼓励我们进行探索实验，但我们进行探索实验的时候也必须要有安全感。对谷歌的高效能团队进行为期5

年的研究（亚里士多德计划）发现，"心理上的安全感"（团队成员们敢于冒险，也敢于在彼此面前展现出脆弱的一面）是"5种使成功的团队脱颖而出的特质中最重要的一种"。

提出"心理上的安全感"这一概念的哈佛商学院领导能力教授艾米·埃德蒙森（Amy Edmondson）称，没有这种安全感，那么团队成员们之间的沟通就会很艰难。有了心理上的安全感，人们不会觉得自己是如履薄冰或小心翼翼地回避现实，他们会愿意承认犯错，愿意请求帮助，愿意说出古怪的想法。人们相信彼此，不会因为别人说了什么而嘲笑、奚落、否定或惩罚他们；他们会彼此分享自己的看法，用新的办法去尝试实现目标。

领导者能够加深团队成员们之间的相互理解，让他们知道怎样给彼此带来活力，如何更好地挖掘出彼此的潜能。每个人都是独一无二的——能够吸引这个人的可能跟能吸引那个人的完全不一样。

我给某银行的领导团队做培训的时候，我用一个有意思的游戏来鼓励每位成员培养目标感，这游戏是因丹·凯布尔的工作而得到灵感创造的。我要求他们用另一种职位名称来反映他们的才干、优势和对团队做出的独到贡献。首席财务官认为自己是"银行的皇后"，认为首席执行官是"啦啦队队长"，董事长是"良心代表"，他们之间的氛围就变得轻松愉悦了。人们很快就认识到了自己和他人的真正职责，这种交流让他们心理上产生了安全感，并且让他们能够真诚对话沟通，真正表达出自己内心的想法感受，而不用戴着"假面具"。

丹·凯布尔认为，这样的活动改善了团队氛围，因为人们加深了对彼此职责的理解。更明确了彼此职责有助于做决策，因为这减少了不明确性——团队成员们都会以更大的热情和自信去尽到自己的责任，完成目标，这能释放出人们的兴致、创意和能量，让人们以一种不同的方式去思考如"我究竟是谁，我的职责是什么，我做出了什么独特的贡献"这样的问题，当人们以这样的态度去面对工作时，个人的目标就会实现。

再来说说本章开始时的故事。

对盖里的培训持续了好几个月。他花时间去消化他感受到的不满情绪，并等待着去明确他的"下一步"。与他的妻子持续进行沟通很重要，这样他就能够既照顾家人，也满足了自己想要做更有意义的事的需求。盖里渐渐地认识到，他需要放弃他的带薪工作，转而开始经营自己的事业。

虽然我很开心盖里找到了他想要做的事，但他离职的决定也提醒了我，如果领导者没有激发出员工的热情，让他们全心投入工作，那企业会丧失多少有才干的人。2014 年，维珍公司的创始人理查德·布兰森（Richard Branson）说过这样一句话："带他们成长，让他们强大到足以离开；待他们好，好到让他们不想离开。"这句话可能是每个想要以目标领导团队的领导者的箴言。

结束培训数年后，盖里和我用 Skype（一款即时通信软件）取得了联系。这时，我发现，他比当初我们在他的办公室见面时更加放松了。盖里说，大部分时间里他早上都能跟女儿们一起吃早餐，他很喜欢这样的生活，因为他是在家里工作的，什么都能自己做主。

聊天结束的时候，盖里说，他第 2 天要去中国见一位可能建立合作关系的新合作伙伴。

"我非常兴奋！"他说，"我现在不觉得自己只是轮盘是哪个的一个小齿轮了。我在做积极且重要的创造性工作，我给这世界留下了财富。我真的认为'这就是我要的工作'！"

小结

·找到并遵从我们内心的愿望，这既令人感到兴奋，也让人感到忧虑。发现并了解我们的目标，对我们的身心健康很重要。

·具备目标感的领导者拥有 4 种能力，它们会帮我们勇敢探索并追求实在目标：

○专注力能让我们确定自己的位置，并发现更多的可能性。

○真诚对话的能力让我们对自己坦诚，让我们勇敢去做，并让我们发现自己更多的潜能。

○明确我们想要服务的对象让我们的工作有了意义。

○有目标地进行联系，让我们利用我们所有的"自我"，去探索 4 种不同类型的目标。

·想要让我们工作时更有活力，我们必须放弃本来的目标。当我们发现，我们设定的目标和实际目标不符时，这就是我们做出改变的重要时刻。这能让我们去探索并实现最有说服力的真实目标，而不会忙着去追求"伪目标"。

·关注"感知时刻"——包括我们觉得"这就是真的我！"的时候等，这是我们探索发现目标的关键所在，与"磨合时刻"和"同步时刻"共同编织了通往我们独特目标的"线路"。

·我们明确了并忠于自己的真正职责，那我们就会体验一系列有意义的事情，让我们更深入地实现我们的目标。

·支持你身边的其他职员，让他们更深入地了解自己的个人目标，找到"领域性的意义"，并让他们对企业目标有情感上的认同。

结语：新的黎明

我们正在进入地球上的第 6 次大灭绝时代，上一次大灭绝是恐龙还活着的时候，据估计那时每年约有 1 万种物种灭绝。虽然自 1982 年以来，由于气候变化，我们的树木覆盖面积增加了 7%，但我们却砍伐了近一半在人类出现之前就已经存在的树木，现在它们正以每年 150 亿棵的速度消亡。每年有 240 亿吨肥沃的表层土壤流失——人均约 3.4 吨，甚至主流的政治家们都表示，英国等国离土壤肥力完全流失只有 34 年的时间，就欧盟而言，造成的经济损失就高达 4900 亿美元。因为长期存在的地下水位下降的速度快于补充的速度，所以世界上最大的 37 个地下水长期储存库中，有 21 个处于困境中。而这世上还有气候变化、心理健康、不平等、自然界生化循环遭到干扰、海洋酸化等诸多问题。与此同时，以上的问题在某些指标上也得到了一定的进展，例如汉斯·罗斯林（Hans Rosling, Gapminder.org）所统计的。然而，面对上面提到的这些问题，这些经常被挑剔的"进展"统计数据都是毫无用处的，从根本上说，我们的生产和消费系统破坏了我们的资产基础。慈善机构一直认为，达到气候变化的临界点，可能会破坏过去几十年取得的所有发展进步。如果说经济学是一种分配稀缺资源的方式，能够在长期内保障社会所有成员的幸福，那么按照这个标准，我们迄今为止的所有经济模式都是失败的——无论是具有破坏性的苏联高度集中的经济制度，还是现今仍然占主导地位的"利润最大化"式的股东资本主义。

2007年—2008年间的金融危机是全球对利润最大化式的股东资本主义意识形态观念转变的转折点。自那时以来，范式转变的齿轮花了一点时间才转动起来，世界也花了一点时间才找到资本主义新范式和适合未来的新领导范式，也就是以目标为导向的资本主义。

多年来，人们一直在研究企业慈善事业、企业社会责任、公益营销，乃至"创造共享价值"等问题，现在，我们终于把注意力集中到这些问题的解决方案的核心和源头之上：我们不能认为，市场力量将为所有人提供长期的幸福，而企业只专注于股东利润最大化，仿佛这一定能获得成功一样。企业有了目标，就会得到解放，企业就不会只关注这一年的股东利润，而是会关注后辈们的长期幸福。从本质上而言，"人人享有长期的幸福"不仅是经济的初衷，也是可持续性发展的定义，这绝非偶然。将此当作公司目标的"元目标"，这也是目标、经济和可持续发展共同的目的。

对于企业来说，这是一种不可低估的巨大转变。根据我与剑桥大学的同事们进行的主、从研究，我提出了目标的4种特征。（如下图）

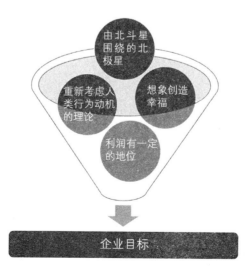

这些特性都是企业目标的重要特性，因为它们需要被那些希望有目标地进行领导并优化领导潜能的人注意到——但是，这4种特性都是同时兼备的。它们一起定义了萨拉所述的在企业中发生的那种充满挑战且令人兴奋的改变：

1.利润有一定的地位

当利润最大化作为企业核心目标的经济模式的太阳开始落下时，以目标为追求中心的经济模式的新黎明也快要到了。自20世纪60年代以来，企业的"金融化"一直占据主导地位，这也就是说，成功仅仅被限定为资金收入多。跟所有人一样，企业高管们倾向于进行"感知过滤"，通过忽略不太重要的事情来简化决策过程。因此，如果你让一家企业以一种单一中介变量（货币收入）作为其他重要成果的奖励，那么随着时间推移，有助于获得这些利润的复杂的自然因素和人为因素必然会被过滤和侵蚀——它们一直都是这样的。这也就意味着，在获得利润的过程中，我们已经破坏了我们幸福的根基。虽然有一些人收入颇丰，我们在减贫方面也取得了许多可观的成果，但我们本以为可以为社会带来的更令人印象深刻、持续性更高的成果却仍然没有出现，因为我们偏离了真正的目标，而且正如一些人所说的那样，真正的创新也减少了。

毫无疑问，任何企业想要获得长久的成功，那就必须有足够的资金支持，但更重要的是，如果你确定你们公司所做的是为社会提供重要的价值，那么就不要只想在目标限定的范围之内创造利润，促进经济增长。我们近期访问了一位高管，他说：他们的希望是促进利润增长，因为他们知道，他们的产品一直是这市场上最热门的产品。

2.想象创造幸福

对某些人而言，目标只是一种词典上的概念——无论是否真正去实现它，它应该是企业运营的理由。然而，目标远不只是要确定企业为什么要营业，目标这个概念从根本上要与另一种以人为本的意义相联系——即我们幸福的根本基础是为他人服务，这就是一种有意义的目标。企业是人文机构，从企业的角度而言，目标就是让整个企业致力于为特定群体直接提供福利。

也许，目标真的与主导的商业思维不同。从我们传统的角度来看，企业获得的利润或创造的销售额就是企业将稀缺资源转化为福利的良好表现。人们普遍认为，促进社会福利的最佳方式是建立一个运作自由的市场，在这个市场中，企业与人们的幸福决策保持一定的距离，以避免扭到了市场这只看不见的"手"。这种推论的前提在于，只要人们始终是自私的和理性的（事实并非如此），且不受希望、恐惧和价值观等的影响（人们总会受到这些因素的影响），并且掌握了关于提供给他们的选择的所有信息（通常是没有掌握的）。从理论上来说，他们就会根据自己所有的钱和本来的物价水平，做出最有利于他们福祉的抉择。正是基于这种逻辑，企业得以自由地在法律允许的范围内专注于使获得的利润最大化，这种行为甚至在道德上也是受到鼓舞的，而政府的职责则是制定并监管相关的法律。因此，专注于使利益最大化的企业看向市场会先这样问：人们在买什么，或想要买什么，是我们有能力去生产并盈利的？我们的竞争对手在哪方面有缺陷，没有以某种方式去为某群体设计某种产品，是我们能够利用的？我们怎么能拓展我们的业务，以便使我们的公司得到更大的发展？而社会目标驱动型的企业首先会问这样的问题：

· 对某种特定人群来说，长期的幸福是什么样的？

· 我们拥有什么样的技能，能够以非市场方式使人们获得长期的幸福，以及足够的利润？

· 这种技能，如何能转化为我们可以为之负责的愿景、使命、战略和目标?

·因为他人在为我们关心的群体提供福利做得不够,我们怎样才能让我们的企业做得比他人更好?

·在提供福利方面,我们怎样才能引导人们重视比他们习惯的方式更好的创新?

3.重新考虑人类行为动机的理论

树立目标并不只是特地去注重持久的幸福而非利润。领导者不运用利益最大化的理论,可以自由地采取行动,以更精准的观念态度来驱动行为——我们自己的行为、员工的行为、客户的行为……以及所有人类利益相关者的行为。第1章提到,数十年来的心理学研究——以及如下的领导能力理论都认为,决策者是理性且利己的这种观念已经逐渐动摇。这些心理学研究和观念都证实,在职场及其之外的地方,我们都渴望得到接纳、尊重,我们都有共享的价值观念受这些因素的驱动,我们需要得到集体的认同,需要有归属感。在企业金融化的前几年里,这些驱动因素被认为是理所当然存在的。虽然这些因素的驱动力很强,但作为人,影响我们最深的还是这样一种目标——过有意义的生活,为他人的幸福服务——这才是最主要的行为驱动力。

当然,社会目标仍然要求公平地给予员工赏罚,以满足"企业保健"要求,并激励员工有技巧地实现盈利。与此同时,专注于金钱之外的行为动机,利润才可能不断充盈。正如第2章所述的那样,虽然证据还不够充分,但有大量的证据表明,目标能够促进增加利润。例如,联合利华旗下首先打造可持续性产品的知名品牌,因为专注于社会目标,2016年的利润增长比其他的品牌增长要快50%,占公司总增长量的60%。(联合利华官网数据,2017)

我们已经对设定目标促进企业成功的机制有了一些了解,例如,如果某公司设定的目标是想要谋取更多利润，那它成功的可能性就大大降低了，正如弗兰克尔所说的那样："成功，就像幸福一样，是无法追求得到的，它是随机发生的，而且是人追求一种比自己更重要的事业时所产生的意料之外的附带成果，或者是顺从他人而得到的副产品。"然而，按这种观念，"成功"的定义发生了变化。因此无论按照哪种观念来看，企业追求利润的目标都是不可调和的，而利润也是企业所需的一种重要资源，一个评估企业成功的重要标志。

此外，有记录表明，在完成工作时以个人动机为出发点，能让人工作表现更好，例如，有研究表明，有人为某项事业工作充满激情，有人因从事有意义的工作而充满激情。另外，还有新兴领域的数据表明，可以通过已经形成的文化氛围干预，来巩固企业内部的目标——这一点从我和同事们一直在关注的康锡指数中投公司就能得到证实。

4. 由北斗星围绕的北极星

社会目标有一种很容易被忽略的特性，就是它提供了一种惊险且大胆的强大愿景。目标就是阐明企业职责，以及它存在的独特理由的，因此，你必须明白你的主要服务对象是谁，以及你们公司能以什么独特的方式确保他们的持久福利。无论有些人怎样解释，即便是利益相关者理论之父埃德·弗里曼也会认为，并不是所有的公司设定的目标，都是为所有利益相关者服务的，相反，利益相关者导向是"企业机构实现目标的一种手段"，因此，这跟利益相关者理论是不一样的。但这并不意味着，利益相关者理论就毫无意义，因为目标是一种长期性的、以企业为根基的概念，因此人们认识到，为所有利益相关者服务至关重要，这样他们才能够帮助实现长期目标。作为人性化的概念，我们还需要认识到，目标是正确的，值得去做的事情。此外，如果企业的目标与促进所有人的长期福利相悖，那么以他人的代价来促进你们企业的福利就是不合理的——因为企业与社会最终是相互依赖的：你们的商业活动能够解决喀麦隆的贫困问题，但你的商品是通过中国的廉价劳动力而得到的，这符合你的目标吗？为什么你能为了保护巴西的热带雨林而决定用人工种植的林木制作家具，却要为让人买你制作的肥皂，而破坏印尼的森林？

如果目标制定得当，那么无论是哪种利益相关者，目标都能成为他们的北极星，不仅为他们指明方向——还能凝聚不同企业和部门之中的能量。正因如此，目标才能促进企业结构更有机地进行转变，使企业能够适应市场环境和社会环境的无穷变化。

目标就像一颗北极星，不仅指明了企业的本质特征，还能帮助人们定位并凝聚他们的能量，这可能还会产生更进一步的效果，提供一种方式，让人们更深入地认同他们的企业，还能让客户对企业的满意度更高。正如作者所说的那样，由这种集体意识产生的归属感对人类的幸福很重要。不过，要想高效地促进集体目标的实现，领导者必须谨慎使用目标来凝聚更大的系统中的能量，不然，我们很容易就会重新以建立"圈内群体"和"圈外群体"这种狭隘的方法，来让人们凝聚在一起。良好的目标能够让人们在企业内外找到有共同认识的同盟。

目标是企业的长期愿景，而不是短期狂热

如果说，我们有一扇转变消费和生产方式的小窗口，那么树立企业目标是我所知的唯一一种能充分利用资本主义的自由和效率的办法，因此，我并不能轻飘飘地说一句，这个目标就在这里。它不是一时的狂热，它代表着我们人类应对我们面对的可怕局势的最大希望。由于我们现在的生活方式可持续性越来越低，我们也将越来越倚赖目标。然而，以目标为导向的资本主义出现的时间和方式，我们不能靠碰运气去获得——我们必须为此努力，支持企业走自己的发展道路，让他们为期待的未来真正承担责任，而不只是光口头说说。

目标化的企业这种观念并不新鲜——事实上，如巴纳德这样的早期的管理学专家就很清楚，感性化的目标对企业成功的关键性作用。如巴特利特、戈沙尔、霍伦斯贝和同事们，以及加滕堡和同事们这样的人加深了我们对企业目标作用的了解。

正像许多人所指出的那样（如大卫·格雷森教授），对很多企业来说，为它们存在的社会服务这种想法曾经是普遍存在的（如联合利华、英国最大的煤气供应商森特理克集团、吉百利食品有限公司等），不过，追求利润最大化的企业模型排挤掉了其他的模型，现在的企业都是机械化的工作流程，持有的商业理念也缺乏价值感。

我们大约花了10年的时间来复兴企业的目标观念——现在已经成了主流观念。大多数的主要企业都提供有针对性的服务，一些追求利润最大化的企业代表，如贝莱德基金公司的创始人拉里·芬克（Larry Fink）和美国商业圆桌会议就声明过，他们现在主要的目标是创造积极的社会成果，而不是为赚取股东利益。最后，我们要认真考虑怎样快速改变企业文化、结构，企业的工作流程、政策和人员的职能。这些因素影响着企业各层面的决策制定。正如第1部分所说的那样，从本质上而言，使企业以目标为导向是领导者要面对的一项挑战，不过我们现在的许多领导者并没有追求目标。

通过领导赋予目标活力

领导能力是一种众所周知的难以定义的话题，很多人都说，有多少人写过关于领导能力的文章，就有多少与之相关的理论。博登和同事们给出的定义是不错的，因为它清楚地表明了管理和领导的作用其实差不多，但是领导的定义集中于动员人们为实现目标而不断努力的行为：领导是"发挥社会影响力去引导、构建或激发人们做出行为活动，为实现共同的目标而努力的过程"。根据这一定义，领导者要清楚领导目的，以及刚开始领导时的状况，并且要明白领导人们从这种状态转变到另一种状态的过程。

然而，关于以目标为导向的领导方式，虽然有很多资料可以利用，但其实也不算多。这或许是因为，正如一份关于此的学术论文所说的那样："根据我们的经验，目标与领导能力联系如此紧密，以至于研究领导能力的学者们几乎将这种联系视为理所当然。"出于这种理由，有些人认为，如果我们要培养"目标性领导能力"，就需要对它有独到的理解和实践。这就是说，将目标视作领导企业的一种看不见的终极力量。领导者的职责也不再是引导他人，而是培养一种氛围，让目标来指导人们的行为，并使利益相关者也围绕这一目标而努力。

这从理论上来说很棒，我们现在也有了很多书，可以用来帮我们弄明白领导者需要注意的地方。然而，这很难让基层的领导者去主动学习他们需要接受的知识。针对这个现象，本书总结了4种能够让我们真正成为领导者的能力。萨拉提供了工具和方法，去改变领导者的头脑、心灵和行事方式，让他们变成具有目标感的领导者。她查阅了数十年来有关领导力培养的资料，特别是那些让我们摆脱了狭隘的、僵化的、个人主义的，非常适合追求利润最大化的企业的理念。

根据企业追求目标导向的进程状况和具体的环境，传统的领导能力理论（通常是相互关联的）还是有一些可能有用的东西的——因此，它们的潜在贡献也是不能忽视的。例如，"伟人"理论和相关的超凡领导能力理论虽然广受批评，但根据人们崇拜英雄的现实，可作为员工理论使用；特质论——尤其注重领导者的个人特质，认为非凡的领导能力胜过其他的一切；行为/风格理论——注重领导者的行为而非特质，认为员工的行为对领导者的领导方式很重要；以及权变或情境理论，认为领导行为不能脱离其实施的环境。这些理论都为目标导向型领导方式提供了重要观念，然而，大部分的相关理论建设和分析都是服务于追求利润最大化的企业的，因此，很多理论都被指过于倾向于个人，倾向于男性，过于注重一般的人际交往观念，这也就不足为奇了。

在这种情况下，几十年来出现了许多看待领导能力的进步观念，都是从人类行为和领导职责的角度出发的。从本质上而言，这就代表着人们的观念已经开始向构建主义 / 基于环境的观念转变。我们都认为，人是有目标、讲道德的生物，我们的行为会根据我们从与他人、环境的互动过程中获知的信息而不断变化，作者提出的 4 大能力就是由这些理论直接总结得出的。在这些理论中，也许最知名的是麦格雷戈的 Y 理论，该理论特别注重打破人类行为的局限性，以及伯恩提出的"变革型领导"理论，这与传统的交易型领导理论正好相反（注：这要早于后来更实用、流行度更高的变革型领导理论）。

除了从一种更基于实证的方式来考虑人类行为，这些理论中有许多理论特别为领导者提供了独特的位置，让他们将他们个人的目标与共同的企业目标联系起来，甚至使之升级为人类共享的目标。正如肯普斯特（Kempster）和尤克（Yukl）指出的那样：伯恩的变革型领导理论，是基于对领导者和下属更高道德水准的追求，他们关注的"不仅仅是对自己有好处的东西，还有对更大的集体，如企业、社会和国家有好处的东西"。格林利夫的公仆式领导者理论总结称："即使对本公司的财务利润无益，也要坚持善良和正义。"

这些理论出现早于近现代兴起的如"真诚领导"和"基于身份的领导"模式，虽然并没有明确与目标之间的关系，但却与目标高度相关。有些更新潮的思想甚至认为"领导就是目标"："领导不只是指一个人，而是一种目标感，给人们共同指导的一种力量"。还有些理论认为，领导者能够开发出与目标一致的新观念和新行为方式。作者显然借鉴了这些观念，并明确参考了托博特的"行为逻辑"（第2章）和奥托·夏莫广受赞誉的U型理论（第1章和第4章），阐述了放弃先前的旧观念，深入了解我们的自我和系统环境提供给我们的信息，并且实现想要的未来的重要性。

所有这些更先进的理念都依赖于对人类行为观念的转变，将领导者定位于领导团队的环境中，而其职责（对整个企业负责）则是意义创造者、情感艺术家，是促进者和沟通者，而不是什么都知道、具有令人赞叹的口才和辩论技巧的偶像。

虽然这些理论为我们提供了考虑实现目标所需要的领导才能的重要方式，但却几乎没有介绍什么实用性的技巧来培养这种领导才干所需的能力，不过作者用她的4种能力理论填补了这一项空白。将这些理论综合起来，领导者就能够明白该怎样去做，怎样真正倾听了解企业系统的需求，并帮助其他人养成目标化的行为习惯，让整个企业系统都为实现目标而尽力。

总结

目标为企业解决许多棘手的问题提供了希望。通过消除实现幸福途中的阻碍，企业可以高效地完成社会授权它们从事的工作。目标不是反企业或反利润的，而是赋予企业权利，让它们将精力直接集中于有利可图的福利上，从而长期（可持续）确保企业真正进行价值创造、获得社会认可，有在社会生存的能力。利润对企业很重要，但并不是企业经营的目的所在。同时，关注福利最大化（而非利益最大化），让我们不再将"利润"视作肮脏的词。

更重要的是，目标跟其他事情一样，也是为了将人性的精华带回企业中，因此，它也让企业将员工和利益相关者视为人，让企业待之以情，让企业去发掘并利用人性中最好的一面，也正因如此，在我们对企业目标的定义中，"有意义"这个词才如此重要："使企业有意义、持久存在的理由，与长期的财务业绩相关联，为企业的日常决策提供了清楚的背景，能够激励和团结利益相关者。"

目标还提供了一种清晰的、基于身份的目的，让每个人都可以抱着希望朝着它前进，而无须受到针对预计行动的微观管理。最后，因为目标旨在关注企业系统持久的福利，因此企业必须让其他的利益相关者（不仅仅是股东）也具有相同的价值观念，以便使他们继续支持企业未来更新的目标。

一系列领导能力理论为新的看待领导的方式提供了基础，这种新方式更贴近于让人成为讲道德、有目标的人。作者综合了这些理论知识，分析了具有目标感的领导者所需要的能力，介绍了他们应该怎样真正培养这些能力。将她介绍的4种能力结合起来，领导者就能够深入持续地了解自我、企业、利益相关者和更广泛的系统环境。

后 记

当我们以目标为导向进行领导时，我们就是在表达我们想要全心全意地投入这个美丽且复杂的世界的天然愿望。当我们没有这样做时，我们就没有为更广泛的社会环境做贡献，我们的团队就失去了凝聚力，我们自己也失去了活力，我们必须"架设桥梁"来弥补这些损失。

为了帮你踏上这样的旅程，以下是变成"目标驱动型"领导者的主要内容，请密切关注：

· 通过揭示并遵循令人信服的"为什么"来吸引和留住人才。

· 让职员们有归属感，让他们觉得自己的工作是有意义的，从而创建有凝聚力的团队。

· 照顾好你的团队成员，他们也会照顾好你们的客户和其他利益相关者。

· 将想要创造非凡的职员视为同伴（而非人力资源），以提高他们的工作表现力。

· 做一点"大教堂思考"，反思真正重要的究竟是什么。

· 花时间进行有意义的对话交流，真诚袒露你的想法感受，让彼此之间的联系更紧密。

· 努力践行自己的职责，对自己该做的工作保持精力充沛；让你工作更进一步的并不是金钱、权力或地位，而是你感受到了你的职责使命，并遵从它行事。

我希望你们都尽了最大的努力去"跨越通往更美好未来的桥梁"，

你可以访问我的网站（www.bridgeworkconsulting.com）或者通过邮件来联系我，跟我分享从本书中学到的知识感悟。

期待来信。

sarah@bridgeworkconsulting.com

鸣 谢

有很多人为我写作本书做出了贡献，我被我的同事、家人和朋友的友善和专一而深深打动了。没有他们的支持，我就无法写出本书，我真心地谢谢你们所有人。

耗费时间为本书写结语的维多利亚·赫斯博士，她对领导能力的深刻认识让我思维敏捷，精神愉快。迈克尔·卡希尔（Michael Cahill），见解明智且慷慨大方，总能拓展我的思维。彼得·欧文（Peter Owen）总能及时给我鼓励，让我能够专心写作，保持思维的灵活性。扬·拉科维奇（Jan Rakowicz）不知疲倦地审阅我的稿子，并在必要的时候为文章增砖添瓦（提高了行文的幽默感！）。

我的责编艾洛伊思·库克（Eloise Cook），她亲自用我从未想象过的方式修订了本书；还要衷心感谢英国《金融时报》培生团队。本书的图片是由斯蒂芬·麦格尼格（Steph McGonigle）绘制的。K.T. 福斯特在我写作时给了我鼓舞，打开了我内心中的"开关"，让我内心的评论者不再说"我凭什么写关于领导能力的作品"，而是说"我凭什么不写"。

埃德·罗兰，完全合伙有限责任公司（The Whole Partnership）的创始人，点燃了我内心对目标的热忱之火。我们一起工作了 4 年，埃德在排列上的艺术天分是真正鼓舞人心的见证。他首先原创了目标钻石图，然后我们再跟其他客户一起改造完善了它。我很感激 TWP 的学生和客户，及其联合创始人马克·斯坦利（Mark Stanley），他们花了很多时间一起探讨系统化工作。

真的很荣幸能跟本书中介绍的这些领导者合作——无论是介绍了名字的还是没有介绍名字的。还有很多的培训咨询经历也给我带来了灵感。我很感激那些信任我，让我去训导他们团队的所有领导者，跟你们合作相处让我的生活变得充实丰满起来。

西蒙·卡维奇亚（Simon Cavicchia）为我的工作提供了超过 12 年的"超级视角"，给予了我中立性的观念，尤其是纠正了我的失误。我很感激 Nowhere 的创始人尼克·尤德尔（Nick Udall），安迪·基特（Andy Kitt）以及所有带给我许多新观念和笑声的"重要人物"。萨拉-简·梅纳托（Sarah-Jane Menato）让我理解了如何将女性的阴柔特性融入领导者工作之中。克劳斯·斯普林堡（Claus Springborg）教给了我如何领悟领导能力的本质。罗布·莱克（Rob Lake）告诉我，在吸引投资时需要更高质量的沟通对话。林恩·斯托尼（Lynn Stoney）在保罗·斯托尼（Paul Stoney）和迈克尔·卡希尔（Michael Cahill）的帮助下，通过对各章内容进行"实地考察"来修改稿件，并对稿件编辑提出了中肯的意见。

特里西亚·格蕾丝-诺顿，我 20 多年的良师益友，给了我无尽的支持，还有卡伦·斯科尔斯（Karen Scholes），珍妮特·柯兰（Janet Curran），罗杰·克洛斯（Roger Cross），埃琳娜·库西斯（Elina Koussis），大卫·亚当斯（David Adams），克里斯·伍德（Chris Wood），朱莉亚·霍伦贝里（Julia Hollenbery）和她的女儿露比（Ruby）。

与关心我的同事以及目标先驱者之间的交流给我写作本书带来了很多灵感：阿拉斯泰尔·麦格雷戈（Alastair MacGregor），艾莉森·迈尔斯（Alison Miles），布莱恩·达文波特（Brian Davenport），卡瑟琳·奈特（Catherine Knight），塞斯·克莱默（Cees Kramer），查尔斯·伍基（Charles Wookey），克里夫·彭威尔（Cliff Penwell），艾玛·阿什鲁·琼斯（Emma

Ashru Jones），约翰·布雷基（John Blakey），朱莉亚·雷柏兹（Julia Rebholz），利亚姆·布莱克（Liam Black），拉夫林·希基（Loughlin Hickey），路易丝·莫斯曼（Louise Mossman），玛莎·莫里斯·格雷厄姆（Martha Morris Graham），莫拉格·德威尔（Morag Dwyer），彼得·汤普森（Peter Thompson），罗宾·阿尔弗雷德（Robin Alfred），罗宾·肖特（Robin Shohet），斯蒂夫·朗（Steve Lang），斯蒂夫·韦古德（Steve Waygood），凡妮莎·哈特诺尔（Vanessa Hartnoll）等，还有很多很多人，这里就不一一提及了。谢谢你们为我的创作提供了能量和激情。

非常感谢由 A.H. 阿玛斯创立的圆满学苑（Ridhwan School）的老师们，自 2016 年以来，我一直是该校的学员之一，要特别感谢罗布·默克（Rob Merkx），特乔·乔丹（Tejo Jourdan），坎迪斯·哈里斯（Candace Harris）以及所有 UK4 的老师们，谢谢你们教授给我们认识内心的"钻石图"，跟我的同学们一起学习，让我更加投入、专一，并加深了我对内心真正的本性的认识和了解。

最重要的是，我要感谢我的家人，你们为我的工作奠定了基础，让我可以自由翱翔，还带给了我很多乐趣。我的父母、兄弟姐妹和他们的伴侣——安娜和大卫，约翰蒂和露西，艾米丽和汤姆——还有我的"同事"（致力于出版本书的伙伴们），你们对我的重要性我无以言表。最后，还要谢谢安娜·拉科维奇，写作本书时，我大部分时间都是待在她家的，以及詹·拉科维奇，谢谢他一直以来的关爱和友善，为我的写作提供了必要的空间。